葬送習俗事典

葬儀の民俗学手帳

柳田国男

河出書房新社

序

数多い諸国の方言集の中でも、葬礼に関する用語の採録せられたものは至って少ない。やはり平生これを口にする者が無いので、かかって調べようとする人でないと、知ることが出来ぬのかと思う。郡誌の風俗の部には、折々葬列の様子などを詳しく記したのもあるが、これにもその前後の家々で守っている慣例を、注意したものが一向に見当らず、現にいわゆる両墓制の如く都市と農村と、新開地と旧来の居住地との間に存する、最も顕著なる制度の差異が、近頃になってようやく我々の仲間の問題として、考えられ始めたものも多いのである。中代以前にあってあれほど大切であった喪屋の生活、火と食物の上に厳存した忌の拘束、これと各自の経済的要求との相関、現在は殆ど常識の如くなっている墓地点定の個人主義が、行く行くこの国土を石碑だらけにしてしまわないかどうかの疑問等、一つとして今日明らかになっている歴史知識というものは無いのである。それよりももっと根本的なものは、死後に関する我々常人の考え方、今はこの世に住まぬ国民と、その血を受け継いでいる活きた人々との連鎖、永い久しい血食という東洋思想は、果して変化改廃無しに今も続いているか、或いは既に凡俗の間にすらも、消えて痕無くなろうとしているのであるか。こういう痛切なる全社会の問題までが、たった一つの我々の方法によって、僅かに解答を将来に期しうるのである。故に現在の資料はまだ決して豊富ではないけれども、むしろ調査者の興味を刺戟せんが為に、この程度に於て一応の整理を試みる。幸いなことには他の色々の習俗とちがって、葬儀はその肝要な部分が甚だしく保守的である。喪家が直接にその事務に当らず、これを近隣知友に委托する為に、後者はもっぱら衆議と先例に依って、思い切った改定を加えようとしないからである。その結果は村と村との間に著しい仕来りの違いがあると共に、意外な遠方の土地にも争うべからざる一致があって、或いはこの特色によって、土着の新旧を想察せしめる場合さえあるかと思われる。西人謂う所のフォクロリズム、即ち進化段階の比較と綜合とが、最も力を施しやすい領域であり、この実験の収穫は必ずしも一個葬送習俗の沿革を明らかにするに止まらず、さらに他の幾つかの複雑なる問題に応用することも出来るかと思う。今回の編輯も前の婚姻語彙のように、大間知篤三君が主としてその労に任ぜられたが、これに用いられた資料の大部分は、自分の十年以来の集積であった。かつてこの約五分の一を、宗教研究という雑誌に掲載したことがあるが、我々の趣旨と方法とを、尊重する者が少ないので継続しなかった。日本の宗教研究なども、こういう国内の事実の認識を、せめては外国学者の所説と同一程度に、重んずるようになったらよかろうと思うのだが、その機運を作るだけの力が、私たちの仲間に今まではまだ備わらなかった。これが永遠の国の学問の姿ではなくて、ただ単なる一過渡期の状態に過ぎなかったことを、やがては立証する日の到来せんことを希うの他は無いのである。

昭和十二年八月

柳田国男識

*本書の編輯と出版については、財団法人啓明会の補助を得た。銘記して感謝の意を表する。

葬送習俗事典 ◉ 目次

葬送習俗事典

葬儀の民俗学手帳

引用書名略字表

（郷）　雑誌「郷土研究」

（民）　同「民族」

（民学）　同「民俗学」

（民歴）　同「民族と歴史」

（民伝）　同「民間伝承」

（民事）　昭和七年白東社版「日本民事慣例類集」

（人）　雑誌「東京人類学雑誌」及び「人類学雑誌」

（風）　同「風俗画報」

（旅）　同「旅と伝説」

（葬号）　同誌　第六巻七号「誕生と葬礼号」

（盆号）　同誌　第七巻七号「盆行事号」

（食号）　同誌　第九巻一号「食制研究号」

（郡誌）、（町史）、（村誌）等は、その本文中の郡名、町名、村名を省略したるものである。

＊原書は、項目は全てカタカナ表記で立てているが、わかるものはカタカナ表記の前に漢字・かな表記も並記することにした。　（編集部）

一、喪の始め

死者の肉親が、いつから喪に入るかはまだ明らかになっていない。一旦呼吸が切れてもそれだけではまだ死んだとは解しえられないからである。医者の宣告があっても、妻や児はまだ名を呼ばずにいられない。実際壮年や少年には、気が絶えてまた吹返す例もあった。しかしその試みとは別に是非とも魂呼ばいをしたのは儀式である。支那で「哀を発する」というなども、やはりまた全く事きれたと思った後に、若干の期間があったことを推測せしめる。恐らくこれとはよく似た儀式を必要としていたのであろう。日本でもその時間が追々と短くなったらしい形跡がある。

モトツケル　この語義はまだ不明だが、肥前島原あたりには行われている（葬号）。病人断末魔に近づくとき、彼と一番近い者、親ならば子、夫であったら妻が、大きな声でその名を喚ぶ、それをモトツケルと謂うそうである。

声を掛ける　コエヲカケル　対馬では単に声を掛けると謂うのであるが、この風は弘く行われている。ただし阿連部落では、死に切ってしまってから近親が「あの世に行かにゃならんから、この世にうろつくな、あとあとが栄えるように祈っておれ」など言う。六十歳以上で死ぬことをオイヤミと称し、そんな場合は声を掛けることなどはあまりしない。ここでは死水ということはしないそうである。

人呼び　ヒトヨビ　伊予喜多郡大川村ではこれを人呼びと謂い、急死者の出た場合等にするらしい。近所の男が屋根の棟に登って、誰殿よ戻らしゃれよと大声で喚ぶ。三途の川を渡らぬうちなら戻ることがあるものと信じている（郷、四ノ四九三頁）。なお同地方では、失せ人の場合にも人呼びをする。

桝打ち　マスウチ　会津地方では人が死にかかった時、その家の屋根棟に登って一斗桝を伏せ、棒切れなどを以て敲く。これを桝打ちと名づけて魂の抜け去るのを抑え、元へ戻す意味だと謂っているが、多くの場合は死の予告である為に、その音は哀れに聴えるという（郷、七ノ三号）。桝の底を敲く呪は子供などが神隠しに遭った場合、これを捜しまわる者が行う地方もある。これにもやはり近親の者が敲くを例とする。或いはまた当人の日頃用いていた食器を、箸で叩いてあるく処もあるから、桝もやはり人間の魂をこの世に繋ぐ食物の力から導かれているらしいのである。魂喚ばいの行われる必要は、或いはそれが一旦元の体から離れて、なおその近くにさまようている時刻の方が一段と適切であったろうとも思われる。こうして病室より外で桝を敲くなども、去り行く魂を喚び返す方法としか思われぬのだが、後にはまだ片息のあるうちからこれをする様になって、桝で抑えるという説明も生じたものらしい。自分などの生地播磨中部でも、末期に先だって庭前の松樹の梢へ、提灯をともして登り、おういおういとわめく風があったが、これを何と謂ったかは記憶していない。東京から西に見える武相の山地では、定まった岡の上に登って魂を喚び、そこを呼わり山というとの話も聴いたことがある。他の地方の類例は数多く集めてみなければならぬが、元は事きれときまって後に、なお一応はこの式を践んだのではないかと思う。因みに本居先生の玉勝間巻十にこの問題が説いてあるのは参考すべきものである。野府記万寿二年八月七日の条に、尚侍嬉子隠れたまいて後三日目に、陰陽師恒盛外一人がその屋上に昇って魂呼をしたことを叙し、「近代不聞事也」と附記している。公家の日記類を注意したら、上流の古い慣行はこの他にもなお見つかることと思う。

山村のかわ　ヤムラノカワ　肥前の五島崎山村上郷にこういう名称の井戸があり、底に石を敷き、周囲も石で築き、他の井戸とは趣を異にしており、上下両郷の人々は臨終にこの水を好む俗がある（五島民俗図誌）。

二、葬式の総名

人の凶事の始めから終りまでを、一括した名前はまだ知られていない。古い日本語でもモという語以外に、何か有ったかどうか私には明らかでない。現在の用語も地方毎に区々であるが、大抵はその中の最も主要なる作法即ち家から葬地までの行列の名を以て、全体を覆うことにしている。ジャンボンとかジンカンとかまたガンモモとか謂うのは、殊に印象の深い楽器の音であって、多分は小児の語を隠語のように採用したものと思うが、土地によってはこれより外の正常の名の無い処もある。平生忌む語なるが故にしばしば伝承が絶えたものかと思われる。東京などのオトムライという語は、よく考えてみるとやはり一種の忌詞らしい。トムラウというのは葬後の供養のことなのだが、今ではこれを行列とも、また葬式の全部とも解しているのである。トリオキという語は処理もしくは後始末という意味だから、総称として似つかわしい語であるが、近畿中国ではこれを法師の引導の意味に、四国の一部ではいわゆる湯灌（ゆかん）の意味に、かえってこれを定限して使っている。或いはわざと用語の精確を避けようとでもしたのではないかと考える。

トリシマイ　このトリオキと同じ意味の語が常陸多賀郡の山間部などで、葬礼名称として使われている。ただし主として自家の葬儀を謂う場合に用いているらしい。

とい送り　**トイオクリ**　東京のオトムライに近い名称は、隣接地域にはあまりなくて、薩摩の下甑(こしき)島の一隅にトイオクリという名がある。ただしこれも今は老人たちの間にのみ知られているという（葬号）。隠岐でもトリオクリと謂う語を葬送の意味に使っている。単にオクリという語を葬送の意味に用いると、もうその語は他には使えなくなる。その不便を避ける為に限定辞を冠せたので、或いはトムライの方も元はトムライ送りと謂ったのかも知れぬ。

野送り　**ノオクリ**　単に送りと謂っている土地も無いわけでは無いが（小豆島方言など）、普通には野辺送り、または野送りという語が弘く行われ、また比較的古かったようである。

立ち場　**タチバ**　この語は中国地方で弘く葬式の出立ちを意味しているが、石見の安濃、邇摩、那賀の諸郡でも、また長門大津郡の一部でも葬式の事を立ち場と謂っている。

身隠し　**ミカクシ**　身隠しはことによると以前の総名だったかとも思うが、現在はやや限られたる場合にしか使われていない。たとえば海で死んだ亡者が明るみに在ることを厭い、磯に投げ出されて人に気づかれずにいる場合に、夢などに現われて身隠しをしてくれと頼むことがあると長門の島々では謂っている（島、一ノ三号）。また信州南端の或る山村では、村の祭礼に臨んで死人があるとき、それを内密に葬っておくことだけを身隠しと謂い（山と民族）、遠江の磐田郡でも、本葬なしに埋むることをミガクシと呼んで農繁期の死人にこれを行うことがある（土の色、一二ノ三号）。なお紙冠をミカクシと謂うことは後に述べる。

影隠し　カゲカクシ　やはり遠州の阿多古の山村では、密葬もしくは仮埋葬だけを影隠しと謂っている。爪とか頭髪とかを残し留めておいて、本葬の折にはこれを棺に入れて送るそうである（能田太郎氏）。伊勢飯南郡辺りでもやはり仮埋葬を影隠しと呼んでいる。

チリヤキ　駿河志太郡では野辺送りをチリヤキという名がある（内田武志氏）。その語の起りは今は全く考え出せない。他の類似の例の集まって来るのを待っている他は無い。

敲き出し　タタキダシ　信州の埴科郡（民学、三ノ一号）、また更級郡の一部にはこんな語も有る（方言集）。敲くと云うのは葬列の楽器か。或いはまた特にこの様な憎々しい名を用いる必要があったのかも知れぬ。上水内郡では葬式の事であるが、悪口のときに使う語となっている。

カラダメシ　阿波三好郡三野村芝生のことである。中以上の家では、屍体は葬儀以前に親戚二三名で墓地へ送って埋葬しておき、その後に空虚の輿に僧侶前導して葬列を作りて磧または野原に送り、会衆一同参列して読経をすませる。それから火薬で葬具に火を移し焼尽くす習慣があり、これをカラダメシと謂う（郡誌）。何故にかかる方法が必要なのか、判然したことは言えない。

国替え　クニガエ　なおこのついでに死者を意味する色々の隠語を集めてみるのも参考になろうと思う。この語は以前大阪の周囲などに行われていた（東成郡誌）。仙台でも古く都参りというのが葬礼のことであった（方言以呂波寄）。伊予の今治では「広島へ煙草買いに行った」とか、または大阪へ何とかしに行ったとかいうのが、死亡を意味する隠語であった。

笈巻く　オイマク　紀州の東牟婁郡では、人の死んだことを笈巻くと謂っている（県方言集）。

笈は旅人の用具でこれを巻くとは出立を意味する。熊野は夙(はや)くから、山伏の死ぬことを、金になるなどという忌詞のあった土地である。

三、二人使い

喪に入っての最初の事務の一つは、一定の親戚へ知らせの飛脚を立てることで、多く組合近隣の者がこれに任ずる。この訃報に赴く者が二人であることは、不思議と全国に共通している。何故に必ず二人行くかの理由は、まだ名称の方からはこれを窺うことが出来ない。奥州の九戸郡では、一人で行くと死人が後からついて来る。故にもし一人で行かねばならぬ際には、腰に鎌を下げて行くという。これはそのままでは会得しかねるが、使いに行く者は本来「忌」に参加せぬ人であり、知らせる相手方はこれに反して、当然に忌のかかる人であることを考えると、或いは二人ということは忌の力に対抗する趣意とも解せられる。上総の夷隅郡誌などによると、聞かせ人に限らず、葬儀の準備事務はすべて二人ずつ一組になってすると謂っている。

折角使い　セッカクヅカイ　人の終りが近づくと、近親にこれを知らせる習わしは弘く存するが、会津などではその報知を折角使いと謂っている（若松市郷土誌）。この使いを受ける者の範囲は、死使(しにづか)いよりもまた遥かに狭い。つまり末期の水を取り、魂喚(たま)ばいに参与しなければならぬ人々である。

死使い　シニヅカイ　遠州では訃報を齎(もたら)す役を死使いと謂うそうである。

死にびんぎ　シニビンギ　三河西加茂郡などでは、これをまたシニビンギと謂う。少しの支度も無しにすぐに立ち、日の中でも提灯を下げて行く。受けた家では時刻の如何によらず必ずその使いに食事をさせる等の、色々のこの時に限った作法がある（民学、二ノ四号）。

二人使い　フタリヅカイ　常陸の行方郡では、この使いを特に二人使いと呼んでいる。必ず草鞋(わらじ)ばきの二人連れで、途中どこにも寄り路をしない等の定めがある（風、四四八号）。上総の君津郡でも二人使いと謂う。因みに能登の七尾地方では、産にトウナイの女房を頼みに行く場合にも、やはりきまって二人づれで行くという（諏訪藤馬氏）。

聞かせ人　キカセト　千葉県では弘く、この通知の役を聞かせ人と謂っているようである（匝瑳郡誌）。

ショウト　下総香取郡久賀村などでは、またショウトという語があり、やはり必ず二人連れで昔は草鞋履き今は地下足袋(じかたび)、下駄は決して履かぬ。

知らせ人　シラセト　磐城の石城郡では知らせ人と謂う。村の若い者の役で、尻をからげて股引をはき二人並んで行く様子に一種の型があるので、一目してわかるという。

告げ役　ツゲヤク　信州ではこれをツゲニンと謂う所もあり（北佐久郡誌）、また告げ役とも謂っている。庚申講の仲間などがこの役を引受けることになっている（北安曇郡郷土誌稿巻三）。その使いは通例また二人一組である。小県郡のツゲニンは提灯を持って二人で行き、告げられた家では必ず酒を出してふるまう例である（長村郷土資料）。上伊那でもこれをツゲニユクといい、告げに来た者にはたとえ茶一杯でも、何か飲食させて返すことになっている（民学、四ノ三号）。ツゲニンの語は安房から上総方面にも使われている。遠く日向の児湯郡西米良村では、単にツゲと謂い、或いはツカイニユクと謂っている。

火告げ　ヒツゲ　壱岐でこの役をヒツゲと謂うのは、忌を「ヒがかかる」と謂っているからである。死者の血族は常人と食事の火を別にし、その火は穢れているものと考えられた。それ故に忌のことを火とも謂うのであろう。血族は従兄弟まではこの火告げを受ける。この使いも講中の仕事で、必ず二人で行くことになっている（壱岐島民俗誌）。

ヒトニユク　下野安蘇郡野上村で、訃報の使いをかく謂い、シトニユクとも謂うが、多分は火即ち忌をあらわすヒであろう。やはり必ず二人とされている。

便り告け　タヨリヅケ　九州の北部は肥前筑後肥後等、共にこの使いを便りづけと謂い、必ず二人連れである。或いはタヨリとのみ謂い、この使いを出すことをタヨリをつけると謂う土地もあるが、語のもとはやはり告げであろう。前に述べた上総君津郡でもまたタヨリツゲの語が使われている。阿蘇ではまた押立て使いとも呼んでいる（葬号）。

音　オト　周防の柳井辺ではオトと謂い、オトを言って来たなどというそうだ（森田道雄氏）。安房でもやはりオトであるが、そのオトもやはり音であろう。別に変った語では無くとも、後には凶事専用になってしまうのである。

弔い飛脚　トムライビキャク　静岡附近では東京同様に知らせともいうが、またとむらい飛脚とも謂っている（安倍郡誌）。三河の中部ではただ飛脚といってもこの使いのことである（額田郡誌）。常陸多賀郡の山間部でシキャクと謂うのはやはり飛脚であろうか。

アカシ　こういう名称もまた駿河や信州の所々に使われている。上伊那の朝日村ではやはり二人、昼間でも提灯をさげているので一目でそれとわかる。ここでは飯時でも飯を食ってはならないとされ（蕗原、三ノ三号）、前述の告げ人などとは反対の作法がある。

左右　ソウ　岡山では訃報をソウと謂い、講仲間が手分けをし、必ず二人で行く。ソウに行く、ソウが来た等という（岡山方言）。肥後の球磨郡でもこの語が使われている。左右は元来便り、訪れを意味する語であるが、多分これらの地方では訃報にのみ残留したものであろう。

届け　トドケ　常陸新治郡では、死亡と葬式の時刻とを告げに行く二人一組の使いを届けという（民学、三ノ六号）。東京の近く北多摩郡にも同じ語はあるが、今では葬式の当日、正式に呼ばれぬものが単に顔を出して弔意を述べるのをトドケに行くというようになっている（武蔵保谷村郷土資料）。また下総東葛飾郡でも、葬儀によばれまたは手伝いに行くことをトッツケと謂っている。これらは元は一つで無いかと思う。陸前栗原郡などは、嫁聟の里方その他の縁続きの家の不幸に親類打揃うて行くことを、トヅケに頼まれて行ったというそうだが、これも報知を受けて会同するからの名であるらしい。葬儀の参加者は組中と親類だけであったのが、追々その範囲の拡張を見ることになったようである。

四、寺行き

訃音に行く者が二人でなければならない理由についての私の推測を、やや力づける事実は次々になお現われて来る。寺へ通知する方法をここに集めてみるのであるが、それはまたこの問題と連関している。いわゆる菩提寺へは親族への通知と同時に、多くやはり近隣の者が行くことになっている。目的は期日の打合せ、墓地の下検分の如き事務的のもののようにも解せられているが、そうとばかりは見られない食物運搬の方式の伴っている所がある。

寺あかし　**テラアカシ**　信州諏訪などでは寺行きとも謂うが、また寺アカシとも称し（葬号）、これにも訃音を意味する特別の語を用いている。

オカツゴ　能登の鹿島郡では、死亡後直ちに、夜なれば翌朝、親戚中の重立った者が、白米二升を携えて檀那寺へ、死者の案内と葬儀の日取りとを告げに行く。この際に持って行く米をオカツゴと謂うそうである（葬号）。

キツガケ　これらの言葉には、何かしらぬがこの習俗の起りを含んでいるらしく感じられる。

薩摩甑島の瀬々浦などでは、この米をまたキツガケと謂っている。人が死ぬとそこに居合せた婦人が一人、早速二合五勺のキツガケの米を持って、寺へ行くのだそうである（葬号）。ただしこの米は同時にまた親族の方へ持って行くらしい。報告の文はごく明瞭では無いが、親族へは子供を走らせるとある。そうしてその通知をしてあるく者が、只今誰それが死にましたと報告して、その印しまで重箱に入れた米を置いて行くのがキツガケだと謂う。寺だけには限らなかったらしい語気である。この点はもう一度たしかめる必要がある。

御花米　オハナゴメ　豊前築上郡でも米一升に十銭を包んで寺へ通知に出かけることになっている。その米をオハナ米と謂うとある（葬号）。御花米は祭典その他儀式用米の総称で、葬事の場合に限られた名でも無いが、この地方として注意すべきは、同じ際に親類縁者から、若干の銭の包みと共に持って来る一升の米を、やはりオハナ米の名を以て呼んでいることである。即ち死者と共に食うべき食料にも同じ名が有るわけである。講組の者からも同じく米一升を重箱に入れて持って来るが、この方はオハナ米と謂わぬらしい。以前はその中の一つまみだけを、オッパン米として請取り他は返したのだが、近頃は全部貰い受けることになっているという（同上）。このオッパン米の意味が明らかになったら、三種の贈遺の異同を知ることが出来ると思う。

御鉢米　オハチゴメ　肥後の阿蘇地方ではオハチ米の語がある。前者とよく似ているが一方が誤植というわけではあるまい。ここでは会葬者持参の米一升をも御鉢米と謂っており、葬式翌日に導師への礼として、寺へ贈るのをもまたそう謂っておる。これは米一俵と香料一封の外に特に御鉢米として米一升を添えるのだから（葬号）、或いは通知の日に持参した習わしが、これへ移っているのかも知れない。

小袋　コンブクロ　越後西蒲原郡では、寺または葬家へ贈る米の袋を特にそう謂っている。色々の布切れを縫合せた美しい袋である（里言葉）。これもただ小袋の意で凶事に限られた名でも無いのだが、一旦こういう場合の用に供すると、自然に他では言わぬことになるのである。

挾み着物　ハサミキモノ　食糧ではなく衣類を持って行く風もある。下総香取郡の久賀村などでは、寺行きは死者の良い衣物を割った竹にはさんで持って行く。挾み着物という。下駄も添える部落があるという。

ヒジ　九州南海の喜界島では、凶事の通知をヒジと謂っている。血族関係の無い近隣の人の任務として、戸主の指図を承けて親類へヒジを持ちまわるからそう謂うらしい（葬号）。持ちまわるという所をみると、ここでも甑島の様に食物を携えて行ったらしいのである。後に再説するが、鹿児島県には香奠をヒデという語がある。ヒジもこれと同じ語で、現在は取り遣りが逆になっているけれども、身内の人々だけにこれから忌の飯を食わせようとする趣旨で、その共同の食料を通知と共に運んだものと思う。そうして他の地方ではその忌火料を、寺の和尚にまでも分配していたのは、彼等のみは喪屋の穢れに混ぜしめる意味らしいが、この人々はそれに格別頓着せず、これを一種の収入とし権利として、親類へは送らなくなって後までも、これだけは止められなかったものと思う。

五、枕　飯

外に対しては告知が喪の開始であったと共に、内に於てもまた直ちに為さるべき一つの改まった作法がある。遺骸及び喪室のしつらいと、死者に供える食物がその最も重要なるものであった。この食糧の調製や始末の方法、またそれを相饗すべき人の範囲等について、各報告は必ずしも明確とは言えない。津軽には一杯飯を食えば坊主が死ぬ。一杯茶を飲めば坊主に逢うという諺が、有るそうである（津軽口碑集）。逢う方は判るが死ぬと言い始めたわけは解しかねる。大体に凶事の作法は常の日にせぬことをし、従うて平生は出来る限りこれを避けるのだが、単にそれは悪い時の作法だから忌むという以上に、特に「坊主が死ぬ」という類の結果を予想しおるものは、別に何か信仰上の理由があったのかも知れぬ。一つ二つの気まぐれな説明はあてにもならぬが、それが数多く偶発すれば何等かの暗示にはなる。比較の可能になるまで、注意してそういう記憶を貯えて行くべきだと思う。

座敷直し　ザシキナオシ　座敷直しという語は喜界島でしか採用せられておらぬが、これに該当する気持だけは全国的であった。島では人が死ぬとその夜の明方近くに、病室からこれを表座敷へ移し、屏風または戸障子でその周りを囲い、その枕元には香と水と、白飯と汁などを供える。家族を始め再従兄弟(またいとこ)までが、その左右に侍するを悔み人(くやにん)と謂い、一二の代表者が屏風の外に居て、訪客に応答するのを挨拶人と謂う(葬号)。

敷き流し　シキナガシ　讃岐三豊郡の五郷村では、棺を安置する室の畳を全部縦に並べかえるというから、死の直後ではないかも知れないが、とにかく喪の室にはこの事が必要であった。これを敷き流しと呼んでいる。道場等にはこういう風に畳を敷くのが普通であるのに、一般民家で日常かかる敷方を忌む理由は、この資料によってわかる。

枕直し　マクラナオシ　枕直しと謂うのは或いは今日の標準語かも知れぬ。普通はこの時に特に北枕西向きに寝させる。阿蘇地方なども中国四国と同様に枕直しという語もあるが、一部ではまた寝せ直しと謂っている(葬号)。薩摩の宮之城ではこれを枕はずしと謂うそうである(同上)。

枕返し　マクラガエシ　能登半島では枕がえし、またオギョウギという名もある。死体の下肢を曲げて入棺に便ならしめる故に御行儀である。寝床には刃物を置き、逆さ屏風を立てまわし、いわゆる紙花(シカ)などを用意して僧の来るのを待つのである(珠洲郡誌)。安芸の佐伯郡などでは、僧侶の枕経のことを枕返しと謂っている(葬号)。肥前島原地方のマクラゲシは、近所の者が寺へ知らせに行くことであった。息を引取ると同時に仏壇には香を焚き、米と若干の賽銭を持たせて、寺へ行ってもらうので、この使者を枕ゲシ持ちと謂うから或いはその米銭が枕ゲシであったのかも知れない。枕ゲシ持ちには死者の魂が附いて寺に行くというので、相当に重要な役となっている。途中人に逢っても物を言わず、人もよくこれを察するという（同上）。

ハブッサジ　喜界島では多分座敷直しより前に、まずツブシ即ち膝を曲げ括り、次に新しい手拭を以て面部を蔽うのだが、それをハブッサジと謂っている（葬号）。サジは即ち手拭のこと、ハブッは「はふり」かと思われる。ここでも死水を取るということの無いのは注意に値する。

被り着物　**カブリキモノ**　阿蘇の宮地などでは枕直しの後に足を曲げさせ、その上に最上の美衣を逆さに掛ける。衣類を多く掛けるが、その中の一枚だけは必ず逆さにする。年をとってからよい着物をこしらえると、被りギモンを作ったなどと蔭口せられるのはこれから出た言葉である（葬号）。筑前大島でも西向きに石枕をさせてから、本人の比較的上等の着物を冠り着物と称して、蒲団の上から顔の隠れる位にして逆さにかけるという（同上）。

逆さ着物　**サカサギモノ**　肥前五島では、この死人にかぶせる衣類のことを逆さ衣物と謂っている。三河の北設楽地方ではサカギモノと謂う。これもまた全国的な習慣であるが、名称の採集されたるものは比較的少い。

棺掛け　**カンカケ**　讃岐三豊郡五郷村にはサカシギモノという名称がある。多分右の逆さ着物と同じものと思われる。もちろん死者生前の衣類である。それを棺にかけ、七日まで仏前に供えて後に寺へあげるという。これをカンカケとも呼ぶのは、棺掛けであろう。

三隅蚊帳　**ミスミガヤ**　対馬の阿連や青海では、死者は直ちに西向きまたは北向きにねかし、四季いずれを問わず死人の上に蚊帳（かや）を吊る。必ず死体の足の方一隅だけはずしておく。それで平常はかような吊り方を忌む。猫などが近づかぬ為といっているが、もっと深い意味のあったことであろう。クヤミの客は、縁の近い人でなければ死体を直接見ることは出来ない。ここでは刃物などを枕許に置く風はないという。

魔払い　マハライ　死床に置く刀もしくは鎌を、伊予の北宇和郡では魔払いと呼んでいる。我々はむしろ死床に刃物を置かぬ例に注意を向けたいほどに、これは全国弘く行われている習慣である。

枕火　マクラビ　越中射水郡では、死亡と同時に枕頭に枕火を点ずる。枕灯明とも謂う。かわらけと種子油を普通とする。入棺までは必ず枕頭に置くが、鄭重な家では四十九日間この火を絶たぬ。入棺後に或いはその前にでも、遺骸を他の室に移した場合、その土器の油が絶えるまでは、必ず前の室の寝床の跡にその火を置き、燃え終って始めて、これを移すのである。

支度　シタク　日向の椎葉村では、人が死ぬと直ちに北枕西向きとし、近親友人が死体にむかい盃をする事を支度と謂う。おそらくこの支度という語は、他の場合には使わないのであろう。

早御供　ハヤオゴク　豊前築上郡では、病人が息を引取るとすぐに北向きに寝させ、同時に家人は早オゴクと謂って、白飯を炊いてその枕元に供える（葬号）。ゴクは御供で食物を意味する敬語である。

枕飯　マクラメシ　これを枕飯と呼んでいる地域は広いが、よくみるとこの語にも少しずつの意味の地方差がある。最も普通には右の早御供の如く、喪の開始と同時に供えるものをそう謂うようである。例えば長門の相島では人がすぐばると直ぐに枕飯を炊いて丸い握飯となし、膳の上に茶碗を載せてその中に供える。ホトケは死ぬとすぐに信濃の善光寺に行くので、その行って戻って来るまでの間に、枕飯は作っておかねばならぬと謂う（葬号）。阿蘇の宮地ではこれをオテツキノオボクサマと謂うが、やはり少量の米を飯に炊き、少しでも残らぬ様に盛りつけて供える。残すと死人の為に悪いと謂い、また早く上げないと亡者の善光寺詣りが遅れるとも謂う（葬号）。この善光寺は熊野では那智の妙法山に参るとも謂っている。亡霊はしばらく故の家の附近に留まると謂いつつも、何処かへ一度は行って来るような信仰があったらしいのである。オボクは仏供とも解せられているが、やはり御供の転訛のようである。オテツキは落着きで外から来た者にまず供する食物を意味する。従うてこれも善光寺へ出発する前というのは誤解かも知れぬ。阿波の名東郡で枕の飯というのは、湯灌（ゆかん）の直ぐ前に供えると謂っている。しかし死者生前に使用した茶碗に高盛りにして、箸を添えて死者の枕頭に供える点は（葬号）、他の地方も同じことである。印旛沼地方ではこの時につくった枕飯は、葬送の際に施主の妻が膳ごとに墓へ持って行く。別に枕団子というのも墓へ持って行くという（旅、九ノ四号）。

枕やの飯　マクラヤノメシ　紀州日高郡では、死人に供える飯をかく呼び、茶碗に高盛りにして箸を十文字にさし、塩と味噌とを供える。故に日常の食事では塩と味噌とを同時に供する事を忌む。

枕入の飯　マクライリノメシ　隠岐の中村では死人があるとまず、血縁の無い人を頼んで飯碗に一杯になるほど少量の米を炊き、飯碗に盛り、仏壇の前に北枕に安臥させてある死者の枕頭に供える。これを枕エリの飯という。因みに同地では午の日に田植する事を忌み、午の日に植えた稲の米は枕入の飯になるといい、この日は殆んど全く業を休むということだ（旅、八ノ九号）。

枕づき飯　マクラヅキメシ　大和宇陀郡の曾爾村などでは、死人が出ると直ちに拵える飯をかく呼び、死者生前常用の茶碗に一杯米をとり一鍋で炊（かし）ぎ、それをまたその茶碗に一粒も残さぬように盛って、紙で巻き箸一ぜん立てておく。葬送には多く子の妻が持って、墓において来る。一名をモソウメシと謂う。

下炊の飯　ゲダキノママ　筑前の大島などは、枕飯は戸外に石か瓦で簡単な竈（かまど）を築き、これで炊いて仏前に供える。その燃料は軒の藁を焚付とし、葬儀用具を作った木ぎれを薪にする。これをゲダチノママと謂うのを下炊の飯と記しているが（葬号）、或いは外竈だから外炊きかも知れぬ。ただしこの枕飯は葬具などを作ってから後のものと思われるが、果してその前には無かったのであろうか。三河北部の山村でも、枕飯は屋外の廏舎の脇などで、梯子を立て掛けて縄を下げ、それに鍋を吊して炊（かし）ぐ習いである。米をさきに鍋に入れ水を後から注いで洗う等、片端から常の日とは逆さなことをする。この飯を炊ぐのは穴掘り役の仕事となっている。飯が煮える間に穴掘りは一枚のから莚（むしろ）をしき、二人その上に居て一足ずつ草鞋を作る。この草鞋だけはヒキソ（縦縄？）をあやにしない。これが葬式の日の棺持ちのはく草鞋になるのである。この枕飯は飯茶碗に山盛りにして、箸を真直に立てて供えることは他の場合も同じだが、穴掘り役が定まってから炊かせるとすれば、枕直しの直ぐ後では無かったろう。それでもやはりこの飯が早く出来るほど、極楽へ早く行けるなどとは伝えている（設楽、昭和八年六月号）。

御高盛　オタカモリ　御高盛は人間の一生に三度は必ず供せられると謂われる。なるほど誕生の日の産飯も、婚礼の日の夫婦相饗の飯も共に盛り切りで、信州諏訪などは三者名を異にせず、枕飯をもやはり御高盛りと謂っている。死者の嫁娘たちが手に手に少しずつ盛り添えて、しまいには大へんな高盛りになる。この椀には三角形の白紙が貼り付けられてある（葬号）。

一盛り飯　ヒトモリメシ　一盛り飯という名は、九州東松浦郡に行われている。加部島ではこれに木の箸を立て、唐津では竹の箸である。この飯は最後に墓の中へ納めるのがこの地方の習わしだという。盛り切り一杯飯は特別の食事、他の人々とは分配しない趣旨かと思われる。常の生活にこれが忌まれるのも、必ずしも凶事の連想だけからとは言われない。

一杯飯　イッパイメシ　筑前相ノ島などの一杯飯は、湯灌がすみ死者を甕（かめ）に納めてから、その前に供えることになっている。この盛り飯の上には木と竹との箸を添えるという（葬号）。これらと枕飯とは別のものかどうか。何度も供えかえられるか否かの点は、重要であるがまだ各地とも精確に調べられていない。思うに以前は野送り前の期間が短かかった故に、普通は一度の供飯で済んだのであろう。それを改めたとすると前のものはどう処分したかが問題になる。この方面から尋ねて行ったら、まだまだ明らかになって来ることが多かろうと思う。

じきの飯　ジキノメシ　大隅の肝属郡では、一杯飯をまたジキの飯と謂い、墓まで持って行って供える。三河北設楽などの枕飯と同じく、やはり家の外で炊くのである。米は三合、その米をさきに水を後から入れて磨（と）ぎ、物干し竿を薪（まき）として焚き、まだおもれぬうちに椀に盛り、ソバ膳にして供える。それを野辺まで持って行き、埋葬と共に壙に入れるという（葬号）。上総君津郡では、死人に供える飯を御高盛とも一杯飯とも謂うが、またジキの飯とも呼んでいる。ジキは多分直ちにの意味であろう。

道飯　ミチメシ　肥前平島などでは、枕飯を死人の道飯と謂っている（葬号）。これは明らかに枕下に供えたものを、次の世界まで持って行かせるので、その考え方は盆の魂送りの土産団子とよく似ている。

むけの飯　ムケノメシ　備中阿哲郡上刑部村では、枕飯のことをこう呼んでいる。

死弁当　シニベントウ　伊予北宇和郡御槙村では、死弁当と称している。善光寺へ参りに行く弁当だと謂う。死人が出ると直ちに、かかりの無い人が二合半すりきりを炊いてくれるのである。普通の場合の桝は、枕を残すと称し必ず斗棸（とかき）を中途で留める風であるが、死弁当の場合のみはすり切ってしまうのである。この飯の一部分は死者生前常用の飯茶碗に盛って御膳の中央に置き、残りで握飯を四個作り、御膳の四隅に置いて枕下に供える。普通の握飯は二方を凹（へこ）ますが、これは球型である。死弁当は一名をノメシと称し、葬送の時は相続人の妻がこれを運ぶ。そして茶碗盛りの分は墓穴に入れた棺の上にあけ、その茶碗は以後水を供える為に墓前に置き、握飯は餓鬼仏に上げると称して四方に投げつける。

ようごの飯　ヨウゴノメシ　福島県大沼郡中川村琵琶首で、死人が出ると直ちに庭で炊く飯のこと。椀に高盛りにする。孫が炊くのが本当だと謂っている。大字芋小屋では一杯飯と称し、炉を使用せず、家の梁に縄をかけ、火鉢に火をおこしてこれにかけるのである。

餓鬼飯　ガキメシ　佐渡の河原田などの例では、死者にホトケメシを供える際にも盆の精霊棚と同様に、別に小皿に少し取分けておき、これを餓鬼飯と謂う。しかもホトケの飯も人間は決して食うてはならぬもので、餓鬼に遣るものだと謂っているそうである（葬号）。この問題は次の出立ちの飯または墓前の食物とも関連している。三つの場合を併せて考えて見なければならぬ。

早団子　ハヤダンゴ　青森県の野辺地あたりは、枕飯の代りに団子をこしらえる。これを早団子と謂っている。粳米(うるち)をさっと洗いさっと搗(つ)いて丸めた団子で、すぐにこれをうでて供える。だから常の団子は搗(つ)いた日にうでることを嫌い、必ず二日に跨がらしめるのである（葬号）。山形県最上郡の安楽城村でも、粳米のみで作って死者に供えるのを早団子と謂っている。

一杯団子　イッパイダンゴ　同じ外南部でも八戸市附近では、これを一杯団子と謂って死者があればまず造る。一杯というのは穀を量る器に一つのことで二合五勺である。この米を粉にして拇指ほどの大きさに丸める。葬式の日にもこれを携えて行き、墓づとめが終るとこれを茶と米と共に水に混じ、半紙一枚をひろげてその上に注ぎかける。これをアラネコスルと謂うのは、この小さな団子を霰に見たてたからで、盆の墓参りのホカイとも同じ作法である。このアラレを鳥が啄(ついば)み食うてくれぬと、後が続くと謂って大いに気にかける（葬号）。

粢　シトギ　粢(しとぎ)というのは米の粉をこねて作った生の団子のことで、別に凶礼の食物と限るわけは無いのだが、備中の府中辺では人の死んだとき、糠(ぬか)の附いたままの米を粉に挽いて卵形の団子に丸め、蒸さずに供えるもののみをシトギと謂っている（方言集）。秋田県の仙北地方でも、シトギといえば枕団子のことに限るという話だが、果してそうであるか。東北でも他の地方はシトギは生粉の団子のことで、また煮シトギという語もあり、めでたい日にも拵えるようである。

枕団子　マクラダンゴ　枕団子は枕飯と重複して、または前後して共に作る土地も多いようである。相州津久井辺では、死者の枕元に六つの団子を置き供える。本来は内庭へ梯子を逆さに掛け、臼を左廻りにまわして白米の粉を挽いて拵えたものだが、近頃は大抵米の飯を丸めたものを以て代用する。これを食うと度胸がよくなるという（葬号）。佐渡の河原田町では前記の如くホトケメシも供えるが、別に枕団子を作る。死人があって寺行きの使いを出す前に勝手元でこれを作る。その数は四々の十六箇、老人の枕団子はその齢にあやかりたいという者があってよく盗まれる。何度供えてもいつも無くなることがある（葬号）。死弁当を作る伊予の北宇和郡御槙村でも、同時に急いでオマルメと称する団子を作るという。

送り団子　**オクリダンゴ**　三河の北設楽郡などは、枕飯も送り団子も共にこしらえる。送り団子の方も早く出来るほど死人が早く極楽へ行かれるという（設楽、八年六月号）。南設楽の方は埋葬の際の供物として、やや遅く送り団子をこしらえるらしい。そうしてこれが鴉などに取られて早く無くなると、亡者は極楽に行かれると謂っている（田嶺炬燵話）。

生団子　**ナマダンゴ**　信州上伊那郡朝日村では、死直後に作るのは生団子三つで、これは糸枠の上に乗せて供える。枕飯の方は入棺後に初めて供えるもので、身内の女達が一すくいずつ盛り、一対の箸を突立て、新調の膳を用いる。この膳は嫁が葬送の際に捧げて行き埋葬後は墓前に置く。生団子も同様に墓前に供える（蕗原、三ノ三号）。

棚付け団子　**タナツケダンゴ**　筑前の大島では、葬式の日になって団子をこしらえて供える。それを棚付け団子またはゴウノダンゴと謂う。幾人もかかって作るのを習いとしている（葬号）。

お花　**オハナ**　肥後球磨郡神瀬村でも死直後にお花という団子と枕飯との二種類を作って供える。親戚の者の仕事である。枕飯の一部は開山様へも供え、この方はオウッカンと呼んでいる。

シュンカン　沖縄宜野湾村では死人が出ると、シュンカンと称する飯碗に御飯を盛り、箸を一本立て一本横たえたものと、皿に豚肉などを盛ったものを載せて膳に供えた。この飯は葬後にウマ持ち即ち棺昇ぎが食べる習いであった（シマの話）。

一本花　イッポンバナ　常の日に一本花を立てるのを忌むのは、やはり新亡者の枕元に立てるからであろうが、この方は一盛り飯や一杯茶を進めるのと、動機がよほど違うように思う。新しい神道の葬式に於ても、喪主の捧げる玉串だけが別に大きく、また各人もただ一本の小枝を持つと同じく、この花の枝は亡霊を依らしむる料であったので、何本も立てては招く心持が無くなるのであった。この花に何を立てるかは注意に値する。筑前大島では必ず椿の枝、近江高島郡でも椿または柾木の花の無い枝を一本さした。この一本花はまた葬列に加わって墓まで持って行った。持つべき人の数が多いと、その花の種類を増加した。出雲の簸川郡では百合とか菊とかの造花、奥州八戸でも三つ花と称して、菊椿芥子の三種の一本花を墓に立てた。いずれも粗末な造花であるという（以上葬号各条）。

位牌隠し　イハイカクシ　佐渡ではこの一本花を、位牌隠しの花という名があった（葬号）。隠しもしようがその位牌と呼ばるるものの出来るよりも前から、我が民族の葬式にはこれが欠くべからざるものであった。これが立てられなかったら、身を離れた霊は依る処が無かったのである。

水枕石　ミズマクライシ　備中阿哲郡の上刑部村では、ムケノ飯の側に水枕石を供える。今では組から供えるが、もとは親戚の一戸一戸から持って来た。多分後には墓上の石とするのであろう。対馬の枕石については後に述べる。

六、ひがわり

喪のある家の火は悪くなると認められている。それで煙草を吸い、または煮たり焼いたりしたものを食うと、影響はその人にも及ぶと、覚悟しなければならなかった。不必要な他人を忌の中に巻き込まぬ為には、主としてこの家の火の混同に警戒すればよかったのである。忌を火と呼ぶに至った事情はほぼ明白である。死忌の問題は以下の殆んど各章に相関連して述べられるが、ここにはまず総括的なるもの、即ち死忌の名称や、喪の家の標識等を集めておく。

火変り　ヒガワリ　上総の君津郡の海岸には、東京などで謂う忌中を、火がわりという処がある。或いは「火が悪い」という形容詞の聴きそこないかも知らぬが、別火という語もあるから、火変りと謂っても不思議は無い。

火を被る　ヒヲカブル　これは九州あたりでかなり弘く行わるる語である。標準語の忌がかかると内容は同じだが、その定めは公式の服忌令とも一致せぬ例が多い。例えば佐賀あたりの田舎は、父方目上二十日、母方目上十日、従兄弟三日、親々は四十九日というのもある（民歴、五ノ六号）。この四十九日は即ち中陰の七七日に当るのである。子分と称して仮の契約をした者はこの外かと思うが、中には自ら進んで余分の火を被る者もあったかと思われる。

火がかり　ヒガカリ　対馬ではこれを火がかりと謂う。阿連部落ではその範囲は従兄弟までである。そして妻の里方の不幸はその妻だけが、妻の死には死者の里方の親兄弟に従兄弟までと、夫方の同じ範囲とが、火がかりになる。妻の恵比須親（えびすおや）の死んだ時は、妻だけが火がかりで、その夫にはかかりはないと謂う。

火負け　ヒマケ　火負けは最も注意すべき俗信である。土佐の長岡郡でこれを説いているが（葬号）、捜せば他の地方にも有りそうに思われる。喪の家に出入した者が病を獲（え）ればこれを火負けと謂いこれを治する為の色々の呪法がある。棺の締縄の一部を黒焼にして服するなどもその一つで、あらかじめその需要の為に、埋棺の際から縄の端を少し出しておくという。

火相　ヒアイ　忌中の火には外部の人が近づくを避けただけで無く、内に居る者も努めてその常火と紛れることを戒めたらしい。出雲の旧神門郡などでは、元は父母は六十一日忌、兄弟姉妹伯叔父母は二十日忌の慣習があり、この忌中には自家といえども主屋（おもや）座敷を使用せず、家に下家（げや）建て出しを設けてその中に住み、その下家へもただ裏口からばかり出入した。これに依って市中軒並の地では、毎戸家の両脇に三尺ずつの細路があけてあって、この路を火相（ひあい）と謂った（民事、一一五頁）。東京ではヒアワイというのも同じ語であろう。奥羽でも一般にヒヤコと呼んでいる。現在は火災を防ぐアワイ、即ち間地のように想像せられているが、その為としては余り狭すぎる。

事によるといずれも忌の火の通行の為に設けられたものかも知れぬのである。

死火　シニビ　陸中九戸郡山形村などでは、死者の出た家の火をシニビと謂い、これを恐れる気持は今でもかなり濃厚であって、葬家で茶を飲まず、煙草の火も自分の燐寸(マッチ)を用いるような人がある。それを犯すとヒガマジルという。

忌負け　イミマケ　陸中九戸の山村で、シニビを食った人が、蚕室へ入ると蚕が死に、青畑へ入ると作物が枯れ、山に行くと思わぬ怪我をしたりする。それは忌負けの為だと謂っている。土佐の火負けに当るものである。

ブク　火変りを今日もブクと呼んでいる所がある。常陸の北部などはそうである。喪家で飲食することをブクニマジルとも、ヒニマジルともいう。七日がヒアキである。

殯　モガリ　津軽地方に於ては、喪のある家の表口には、二本の木を斜十文字に組んで立てておく、これをモガリというそうである（東奥日用語辞典）。普通の辞書にはこれをただ垣根の一種の如く説いているが、少なくともこの×形にはシンボリックな意味があったのみならず、これによって始めて殯をモガリと訓(よ)ませた理由もわかるのである。同じ青森県でも野辺地などは、モガリは葬送前に棺を置く室のことで、出た跡をやはり二人で掃除し、あと札というものを貼っておく室のことだという（葬号）。

カセ　越中には死人があると直ちに、家の表へ簾(すだれ)を裏返しに懸け、それに太い竹を斜十文字に結わえる習慣がある。小児などならやや小さいが、主人の時は三尺もある竹を使う。これをカセを結うと称し、多く七日間そのままにしておく。

折掛　オリカケ　筑前の大島、地島等では、割竹の頭を曲げて荒縄で結わえたものを二つ、喪のある家の門口に立て、これを折掛と謂う。出棺後は取去って焼却してしまう（葬号）。同じ名はまた北九州で、水の神の祭具などにも用いられているが、二者直接の関係は無いように思う。

簾　ミス　簾を入口に垂れ、忌中と書いた紙を斜めに貼る例は、東京の町家でもなお常に見かけるが、多分は人の出入りの多い商業地区だけの風習であろう。これを垂れておく期間は、生計の必要上次第に短かくなり、忌の制度の崩壊を促す原因の一つであったことは、書証の方からもこれを知ることが出来る。野辺地などでは親戚に喪を発表すると同時に、このミスを掛けて忌中の札を貼るのみならず、なお近い親戚でも同様にミスを掛けるそうである（葬号）。

遠慮縄　エンリョナワ　越後の中部、古志三島等の数郡では、家に不幸が有って正月年賀の礼を断わる場合に、門口に藁縄を張っておきこれを遠慮縄と謂った。同じく魚沼頸城の各郡は、門口に三尺ばかりの棒を立て、それに延引棒（えんにん）と名づけていたそうである（越後風俗誌）。

ムヌヌキ　沖縄県島尻地方などで自分が見たのは、喪家の方でする作法では無く、村に死者があると他の家々で、門口の地上に木を横たえ、または縄を引き砂を撒いて、それをムヌヌキと謂っていた。また内地の鬼瓦と同様に、瓦屋の一端に漆喰を以て獅子形を作ったものをも、同じ名を以て呼んでいる。中古文学の「もののけ」とは別の語のようである。喜界島でも名は何と謂うか知らぬが、葬列の通路に面する家々では、バシ即ち喰わず芋の根引したものを三本、そろえて門口に置いて万の妖を避けた。バシは芋の一種だが、その汁が身に附けば大変痒いので、人や獣に忌まれる植物である（葬号）。

不浄除け　フジョウヨケ　筑前地ノ島では、葬式が通る御宮の前と、葬式のある家の門口とに、モガリ同様のものを立て、これを不浄除けという。ただしここでは青竹を二本組合せ、かつその結び目から石をぶら下げたものである（葬号）。

見隠し塚　ミカクシヅカ　墓に行く通路が神の社の前を過ぐる場合、正面に塚を築いておく風習も元はあった。下野野木宿に於てはこれを見隠し塚と謂っている。葬列は郷社から見えぬように、その外側を迂曲したという（日本道中略記）。この見隠しも葬列のことで、社から見えぬように隠すという意味で無かろう。

紙封じ　カミフウジ　紀伊日高郡で不幸のある時、タカ神様の祠に他人の手で白紙の封をするのを謂う。タカ神は多分霊ある神の意であろう。特にこの名を附けた神は信州上伊那にもある。

紙隠し　カミカクシ　家に死人が出ると、直ちに三角の紙を神棚の榊に立てかける。それを伊予の北宇和郡の山村ではカミ隠しと呼ぶ。壱岐の石田村等では神棚に白紙を貼ることを謂う。

笹引　ササヒキ　上州では家に死人が有るとき、神霊を瀆さんことを恐れ、他人に依頼して室内の神棚を、笹の葉を以て掩うてもらう風があった。これを笹引と謂う（群馬郡誌）。白紙を神棚の前に垂れるなどは東京でもすることである。

忌中棚　キチュウダナ　農家で屋敷の入口の路に接した処に、棒を立てて小さな棚をしつらえる風は三河にもあり、これを忌中棚という（郷、五ノ二号）。四十九日の間置くという。自分が羽後の男鹿半島の村で見たのは、至って小さな木のホコラで、中に神社の札が入っていた。忌ある間家の内では祭を営みえない為では無いかと思う。ただし彼処では何と謂うかを尋ねなかったから、忌中棚とは別かも知れぬ。

御み戸開き　オビドビラキ　越後東蒲原郡東川村では、やはり死人が出ると直ちに神棚の扉をしめ紙を貼るのであるが、三十五日目に開くことをこう呼んでいる。よくはわからないが、御ミ戸であろうか。なお忌明けの諸行事については後に説明する。

七、年たがえ

忌を避ける風習は、近年著しく稀薄になって来た。その原因が原理の否認もしくは改訂で無いことは、夙くから人が別火の理由を説明しえず、ただ感覚の上でのみ混同を嫌っていたのをみれば判る。つまりこの制限はかなり不便迷惑なものであって、何かの機会があれば自他ともにこれを脱却したかったのである。最初の動機は経済上のもの、即ち食物の欲求であって、甘んじて喪家の合火の膳にも就こうとした人には、既に久しい前から合火が火負けの元であるという知識は無かったのである。そういう中に於てただ一つ、忌に対する不安怖畏の、全国的ともいうべきものが残っている。これを防衛する呪的手段が、やはり食物の摂取方法、即ち食い別れに在ったことは注意に値する。自分は一般忌火作法の痕跡を考察するに先立ち、特にこの同齢拘束の不可解に近い俗信に、学徒の研究が向けられることを希望して、やや綿密に各地の例を集めてみた。

年違い豆　トシタガイマメ　これは甲府の附近に、近い頃まで行われていた慣習である（人、一三五号）。近所におのれと同じ年の者が死ぬと、年違い豆と称して豆を炒り、自分も食しまた近隣の子供にも遣って食べてもらう。そうすると死の厄を免れると謂っていた（甲斐の落葉）。この近所というのはもちろん同部落を意味することと思う。子供は最も忌からは遠い者である故に、これと共同の食事をするのは、いよいよ喪家の食事から断絶したことを確保するわけである。産婦が産屋の忌から出る場合にも、また小児を集めてこれと共に食事する風が遠江にはあった。

年違い餅　**トシタガイモチ**　年違い餅という名称は、果してあったかどうか確実で無いが、そう呼ばれていたろうと思う餅は各地にあった。例えば武蔵の青梅辺では、同年の人が死んだのを聴くと早速煎餅や饅頭のようなもので耳を塞ぎ、それを四辻へ棄てて来る。帰りには後を振回って見てはならぬと謂う（郷、四ノ三号）。駿河でも同じ場合に、わざと自分の衣服を質に入れて金を借り、その金を以て御馳走するというが（同、一号）、これなども本来は餅であったろう。九州でも島原半島の田舎では、厄年に当った者に限り、同年齢の人の死を聞知すれば、餅を搗いて祝していた（同、二号）。現在でもまだ記憶する者が有る位に新しいことである。

年増し団子　**トシマシダンゴ**　能登羽咋郡上甘田村では同齢者が死ぬと団子を作り、それを親戚知己に分配し、以て己の死を避けようとする。これを年増し団子という（郡誌）。

耳塞ぎ餅　**ミミフサギモチ**　これが一つの風習の分布であって、偶発の奇習で無いことは、名も行事も互いによく似ているので判る。伊勢の神都でも知人同年の者死去の場合に、白餅を買求めてこれを我が耳に当てて後、屋根の上に投げ上げる風があった（風、一二三〇号）。これを耳塞ぎ餅と称し、その凶報を我が耳に入れまいという趣意だと謂っている（宇治山田市史下巻）。三河の豊橋辺りでは、餅を単に耳に当てるだけだが、北設楽郡へ行くと特に米の粉を練って耳の形としたものを作り、これを耳にあてて、ネジカチネジカチネジカチと三度唱える。この行事を耳塞ぎと謂っている（設楽、七年六月号）。ネジカチは恐らく捻じ合って勝ったということであろう。南設楽にも同様の習俗があるが、自分の家から屋根の見える家で、同年の者が死んだ場合に限っている（葬号）。常陸多賀郡でも知人の同齢者が死ぬと餅を搗き、フクデ即ち小形の円餅を作り、二つを耳へあて、川へ流す風が十年位前まで行われ、やはり耳フサギ餅と謂っていた。男は男どうし女は女どうしであり、老人もした。越後中魚沼郡でも同齢者の死を聴いて、やはり耳塞ぎ餅を製して、よい事をきき悪い事は聴かぬ様にと、遅まきながら両耳を塞いで餅を食う（葬号）。これは或いは餅は耳に当てなかったのかも知れぬが、会津地方でも二三十年前までは普通に、同村同年の者が死ぬと餅を搗き、一部は食いまた一部は耳に押付けてから川に流した。後々は饅頭餅菓子を求めて代用した。多くは子供の時にするというのは（郷、七ノ三号）、彼等には特に興味ある行事であったからである。山形県荘内地方に於ても、同年の者の葬式の鉦の音を聴くと自分も誘われるなどと称して、耳塞ぎ餅をその葬式の日に食べ（東田川郡誌）、かつ遠くへ出かけた。なおこの地方では別に旧十一月十五日に、サケの大助という鮭魚の頭目が、「大助こう助今登る」と唱えつつ川を登って来る。その声を聴いた者は三日の中に死ぬという伝えがあって、家々一統にやはり耳塞ぎ餅というのを搗いて食べた（同書）。端午または六月一日の耳くじり芋の風習などを考え合せると、以前はもっと弘い応用のある呪法であったかと思う。

耳ふたぎ　ミミフタギ　耳に当てる食物もまた餅には限らなかったのである。常陸の新治郡などは炊き立ての飯で握飯をむすび、これを両耳に当て、後から箕で頭を掩うてもらいながら、路の三叉まで行ってその握飯を棄てて来ることは青梅のに近かった（郷、二ノ一号）。野州足利辺でも、二個の饅頭を携えて石橋の上に行き、これを両耳に当てて後、その橋の上に置いて後を見ずに帰って来る。それを耳ふたぎと謂っていた（同、四ノ九号）。同じく那須郡の黒羽地方では幼児が死んだ場合に、ミミフタギと称して同じ年の児が菓子で耳を覆い、そして河に流す。そうせぬと跡を追うと謂っている（旅、九ノ二号）。相州津久井郡青根村の耳フタギは手で耳を覆うにすぎない。新潟県東蒲原郡東川村の耳フタギは、同齢者の死を聞いた場合、春ならアサツキ、アサツキの無い季節には草履きれや草鞋きれを取って両耳にあて「いいことをきけわるいことをきくな」と唱える。またその村の或る部落では何でも食物を耳にあて、後にそれを家内または部落中の最年長者に食べてもらうのだと謂う。土佐高岡郡檮原村では、ミミフサギと謂うが、鍋の蓋二枚を両方の耳に押しあてるのである（村誌）。陸前登米郡の耳ふたぎ餅は、同じ年の者が死んだと聴くとこれを搗き、死者が男なら女の人に、また女ならば男に、自分の耳を塞いでもらった（郷、三ノ八号）。

耳団子　ミミダンゴ　山城綴喜郡三山木村では屋根棟の見える範囲で同年者が死ぬと、トシチガイとて神職を招いて拝んでもらい、近所に耳ふさぎ団子を分つ。また同郡田辺町では耳団子とて耳形の団子を作り黒豆一粒をつけ、耳にあてると耳穴へ黒豆がはまるようにし、一枚ずつ近所七軒へ配る（近畿民俗、一ノ二号）。同誌には山城近江二国にわたる類例が数多に報告されている。大分県賀来村は、耳が遠いので有名な善神王様の社のある地だが、ここでも死者と同年の友は耳団子というものを拵えて食べる（豊後伝説集）。阿蘇の高地でも同年の友人が死ぬと耳ふさぎ団子と称し団子饅頭餅の類を、両耳に一つずつ当てて耳を塞いだ後に食べる（葬号）。筑前志賀島でも二十年前までは、同年者が死ぬと耳塞ぎをした。茄子大根の類を輪切りにして、それに菓子など添えて耳に当てるのである。この島ではまた耳が鳴ると同年者の死ぬ前兆だなどいう俗信もあるそうである（葬号）。同大島の例は温い飯を紙に包み、それで耳を塞いでもらうのであったが、同じく地ノ島にもこれと近い習わしがあり、また長門にも類例がある。全体にこの地方の海岸筋には、同齢者間に特別の親しみがあって、色々の仕事を共同にしている（同上）。死亡の場合なども無関心でいられなかったものと思われる。信州の北安曇郡各村では、屋根の見える家で同い年の人が死ぬと、一升桝の裏で年取りをするものだと謂い、またはジョウベ石（踏段石）の上で年取りをするとも、魚を食って年取りをするともいい、下駄を流さなければならぬとも謂っている（郡郷土誌稿、巻四）。年取りとは正式の食事ということに過ぎない。阿波の伊島に於ては、柄杓に水を汲み、その杓の柄を下にしてそれを流れる水を飲むとも謂う（島、一ノ四号）。こうして多くの場合を比べてみると、耳を塞ぐという点はこれほど一般であるが、なおその以前の形の有ったことが察せられる。既に凶事を耳にしてから、塞いでみたところで何にもなるもので無い。同齢者は平生最も多く共同の食事をしている。その心身には共通の成分が有り過ぎるから、一つの原因が作用しうる危険を感ぜずにはいられない。故に急いで食物の隔絶を以て、別の状態を作り出す必要があると認められたものと思う。忌の根本の合火も一つの鍋にあったことは、断定しえぬまでもほぼ推測しえられるのである。因みに沖縄や日向の山村で、同齢者の葬儀には参加しないと謂っているのは、呪法を伴わず、謂わば消極的な禁忌の形式をとっているのであるが、起りは一つであって、同齢拘束の資料として類例を集めたいものである。

八、外かまど

葬時の食制は、今日甚しく弛緩してしまった。しかし火の飯を相饗すべき近親血族と、それ以外の食をとるべき一般の人々との間に、なお確然たる差別を設けている所も決して少くない。組や講仲間その他の者の外竈の食がその一つの現れである。かかる外間の者の喪家に対する儀礼、弔問、義理等についてもここに考えておかなければならない。それはもちろん門統組織の衰微と共に次第に繁くなったものであり、従って起原はそう古いものとは認められないが、しかも今日村の葬制における大きな一つの特徴をなしているのである。

名残人　ノゴリト　「くやみ」という言葉の内容の変遷は、そう簡単に看過することが出来ない。クヤシという形容詞の本来の語義からいうと、むしろ喜界島の様に近親の喪に籠るべき人々を悔み人という方が当っていると思うのに、現在はかえって外間の比較的冷淡なるべき者が来てそのくやみの辞を述べることになっている。これも手伝いその他の服喪志願者の増加と、併行して現われた新傾向だとすると、その過程を辿る為には、今日のいわゆる慰問者を、他地方で何といい、またどういう辞令を交換しつつあるかを、注意してみる必要がある。一二わかっている例をいうと、青森地方ではこれをノゴリトと謂っている。名残人の転訛かとの説がある。この地の挨拶では通例ノゴロイと謂うのだが、これと関係のある名とだけは察せられる（国語教育、一八ノ三号）。中国地方でもノコリオイ、または残り多いだの残り惜しいだのと謂う者は多い。今日の文法からはいずれも少々解しにくいからこれもまた前代の残形であって、何等かの古い気持を暗示しているのかも知れぬ。

シンヒキ　肥前の千々岩では、シンヒキというのが悔みのことだという（山本靖民氏）。この語はなお一段と意味が取りにくいようである。トムライという語もこの特殊の訪問のことの如く解している者もあるが、それではまた葬式全部をこの名で呼ぶことが不明になる。

繋ぎ　ツナギ　親族以外の弔問者が、喪家に物を贈る慣例も少しずつ変って来ている。比較的古い形としては、繋ぎというのが最も弘い名であった。例えば陸前の牡鹿郡などで、契約講の仲間が講の申合せに依り、一定の米銭を醵出して贈って来るのがツナギであり（葬号）、普通は五合ないし一升の米を出すことになっている。他の一端の日向諸県郡でも、葬式の日に郷中男女各一人の手伝いの外に、米をゴ三ツ（七合五勺）ずつ係の者が纏めて持って行くのをツナゲと謂っている（同上）。ツナギは土地によりまたツラヌキとも謂い、もとは銭緡（ぜにさし）に穴銭を通すことであって、目的は凶事の場合に限らなかった。たとえば村の諸掛り飲食の入費などを、軒別に集めるのも繋ぎであった。要点は各戸同額また一統ということに在ったと思う。

繋ぎ香奠　ツナギコウデン　安芸山県郡中野村では、部落内の葬儀における同行（組）の香奠は各戸白米一升ずつ届けるものと定まっているが、小児の死亡の場合には、同行の世話人がお茶講桝（三合三勺桝）一杯ずつを各戸から集めて、その人のみ行ってよばれることですます。かかる場合にのみツナギ香奠の語が使われている。

無常講ぬき　ムジョウコウヌキ　阿蘇では組内に不幸のあった場合、各家米二合半ずつを頭番の者が集めてその夜のうちに贈って来た。これを無常講ぬきと謂ったという（葬号）。無常講は中国西部では死講とも謂い、本来は東北の契約講同様に、一般的な互助団体であるらしいが特に喪葬の場合によく働くから、こういう名が出来たのである。ヌクというのもやはりツナギと同じ意味で、定額の醵出を意味するかと思う。

釣瓶銭　ツルベセン　駿河の入江町あたりでは、この無常講の集めて贈る僅かの銭を、釣瓶銭と謂った。貧窮の者もこれで棺だけは買うことが出来た（安倍郡誌）。

村香奠　ムラコウデン　甲州の南巨摩郡などは、村内に死亡があると、無縁の者でも一定の香奠をはらなければならなかった。これを村香奠と称し、近頃は一戸五銭ずつ位であった（石川緑泥氏）。香奠という語も金銭の贈遺も、共に古くから有ったものとは思われぬ。もっぱら食料の米粟類を持って来たとすれば、これを出すべき家は有縁の者に限られていたのでは無かろうか。組や講中は門統組織が弛み崩れて、村内に独立した小家が多くなって後に、追々にその機能を発揮した。これが外間の者の飲食の盛んになって来た一つの誘因かと私は考えている。葬時の食制というものが、かつては今一段と厳粛であったことは、未開の種族の例と比較するとやや判って来る。これを忌の外まで押し拡めた仲介者は、僧侶であったかも知れぬ。彼等の信仰には忌は無く、もしくは穢れある食物をも食べようとしていたのだから、この想像は無根拠では無い。

薪寄せ　タキギヨセ　下五島の岐宿では薪寄せと謂って、葬儀の際に組内の各戸から薪一束ずつを取り集めて当日の燃料にする。金銭を集めることもある（五島民俗図誌）。タキモンヒロイと謂って青年達が山へ採りに行く風もある。

御鉢米　オハチマイ　安芸山県郡の中野村等では、香奠と御鉢米とを区別している。香奠は相手方の不幸には同額返すべき義理を伴うものであるが、御鉢米にはかかる義理はない。贈者は帳場に出す際に、そのいずれであるかを意志表示するという。会葬者持参の米を阿蘇でオハチゴメということは先に述べた。肥前五島でオハチゴメといえば、法会参詣者が重箱に入れてもたらす二合五勺の米のことだと謂う。

無常休み　ムジョウヤスミ　越後西蒲原地方には無常休みという名があった。村に無常事があると、その葬式の日は休みになる。この日は山仕事即ち屋外の労働はせず、家のうちの仕事だけはしてもよろしい。それから一家一人ずつ喪家へ来て手伝うのであった（風、一九四号）。上総君津郡の亀山村では、死人の家の棟の見える範囲の家だけは葬式の日に仕事をせず、やはり無常休みと謂っている。

ナミクンデエ　喜界島の阿伝では、葬礼の日の贈物を、今は線香料と謂っているが、以前は部落各戸から酒三合ずつ持って行く義務があった。デエは酒の音転訛、ナミクは不明だという。小野津村では見舞の金をウワイまたはウワイムンと謂っている（葬号）。酒は日本では葬式の日によく用いられるが、飯のように亡霊とは共同しない、同じ口腹に入るものでも、他の食物とは異なる取扱いであった。ナミクンは或いは浪汲みであって、清め酒の意味では無かったろうか。次々の章に出て来る酒の用法と比較してみるべきである。

骨こぶり　ホネコブリ　豊前の宇佐郡などでは、葬式の加勢に行くことを骨こぶりと謂ってい る（大分県方言類集）。コブルはこの地方で「かじる」を意味する方言らしく、この言葉には隠語的の可笑味（おかしみ）があった。富裕な家の凶礼には用の無い者までが集まって、むやみに食い倒そうとする弊風は近頃でも見られる。対馬の佐須村などではこれをホネカブリと謂っている。

骨咬み　ホネカミ　肥前五島では葬式の日に、喪家の御馳走になる事を骨咬み、または骨ヲシャブルと謂う。ただし他の家を借りて食事をする。

火焚かず　ヒタカズ　近江高島郡の石庭あたりでは、一番丁寧な葬式は火焚かずと称して、部落中の住民全部にトキを出した。牛馬を飼う家へはその牛馬の飼料として、飯を貰って行く者さえあったという（旅、六ノ一二号）。大和添上郡にもこの語がある。

煙絶ち　ケブリタチ　紀州の有田郡でも、葬儀はその家柄によって、番斎、両番斎、村斎に分れ、番斎は一部落の人が会葬するもの、両番斎は二部落の人、村斎は村全体の家から会葬して、斎を貰うものだという。これらは一戸から一人ずつ行くのであるが、村内一流の家で村斎以上になると煙絶ちといって、葬式の当日だけは村中の家々で飯を炊かず、すべて不幸の家で炊き出しをして各戸にこれを配った（紀州有田民俗誌）。

鍋留　ナベドメ　肥前五島では、葬儀の日に部落民全部が残らず出動して万端の準備をする故に、他家は鍋留になる。「その葬式はよい葬いだった、鍋かまも上ってしまった」等謂うそうだから（五島民俗図誌）、やはり大きな家の場合であろう。この鍋を留める目的は、元来は清穢の火の混ぜぬ用心から発したものだろう。

オトキイタダキ　同じ五島で、葬式の日に一般村民が喪家の外にネコダを敷いてする食事を謂う。この屋外で食べる本来の理由は、喪家の部屋不足からではなく、忌火の食を食うのを避けたことに求められなければならない。それでなかったら、同地方で村内に葬儀のある日のことをヒヨケと呼ぶ意味は理解出来ないのである。

別火家　ベツビヤ　喪家の食物を食うということは、必ずしもその忌の火にまじることを意味しない。これには隔絶の方法がちゃんと設けられてあったのである。たとえば土佐長岡郡では、死の報伝わるや隣保まず来り弔し、すなわち別火家というものを定める。死者の家は穢れているから、その火を避ける為に別に家を定め、そこに集会飲食せしめるのである。人々はこの別火家に集まって部署準備をする。隣保の香奠は各戸等額で、これを別火家へ持来って酒肴を調え、埋葬事終って直ちに飲食し喪家へはただその目録を呈する（葬号）。

別鍋　ベツナベ　青森県三戸郡でも死忌の際には、他から来ている人々は別鍋といって、その家のシビト即ち炉を使わなかった。因みに同地では血忌、産の忌、馬の血取り、野送りがえりにも合火をしなかったと謂う（奥南新報、一一年一月一日号）。

外座　ソトザ　壱岐では悔み客をハレエシと謂って酒食を饗する。その座は外座と謂って外庭に藁を敷いた上に畳をのべ、周囲には菰(こも)を立ててそこで食事をさせる（壱岐島民俗誌）。調理も多分別の竈でするのであろう。ハレエシの意味は尋ねてみたいものである。

御膳の宿　オゼンノヤド　肥後の阿蘇では、葬儀万端の炊事接待饗応の用意をする家を、御膳の宿と謂う。死亡の家では一切の煮炊きをしない。或いはこの宿をヒラカタという処もあるが、宮地の町ではヒラカタまたはオヒラツギは炊事係長のことである（葬号）。

飯宿　メシヤド　鳥取県東伯郡の山間では、これを飯宿と呼んでいる。

中精進　ナカショウジ　伊予喜多郡大川村あたりは、親類縁者は別にして、講仲間だけが集まって来て働く家を中精進といい、大抵は喪家の隣を借りる。組内一戸一人ずつ、白米一升と野菜とを携えて来て、全然火食を別にし外部の手伝いをする。薪を採り米を搗くなどもこの人々の役だというから（葬号）、持参の白米以外の米も消費したのである。

精進宿　ショウジンヤド　紀州有田郡では、普通一般の葬式でも、当日会葬者に出す食物を調理する家を喪家とは別にし、精進宿と謂っている（紀州有田民俗誌）。その料理は精進であろうが、言葉の意味は穢れた火を避ける方に在ったと思う。この独立経済に、死者の家人が干渉することまで今は非常に嫌われており、けちな家はかえって損失が大きかった。米俵が生垣を飛越える日などとも謂われており、消費が殆ど主要なる特色になっている。いわゆる更生時代に入って、大いに改良せられうる部分である。

村宿　ムラヤド　対馬の豊崎村では、葬家の隣家などを頼んで村宿になってもらう。近親以外の者はすべて会葬前に村宿で酒食をするという。もちろん材料は喪主から出る。

村祈禱　ムラギトウ　対馬の豊崎村では、葬式の翌日、村から二人だけ村祈禱番といって番地順になる代表者が寺へ行き、祈禱に立ちあって、和尚にケガレバライの経を読んでもらい、お札を村に配る。ただし喪主の家だけは配らぬという。村宿の隔離法を守っていても、なおかかる作法が必要とされたほど、死忌に対する懸念は大きかったのである。

精進固め **ショウジンガタメ** 近江高島郡には精進固めという語がある。死亡の日の夜、通夜の人々に出す夜食のことで、酒も出し残った魚類は使ってしまい、それから後は全部精進になる(葬号)。故に精進固めだというのかも知らぬが、残った魚などがそう有るわけは無いから、これも一つの忌と常との境目である。

九、忌（いみ）の飯

骨こぶりないしは無常講の連中と相対して、忌の飯を相食すべき血族には、死者並びに葬家に対する特別の作法があり、その贈物等にも自ずから相違のあることは言うを俟たない。ここにはそれらに関する語彙を主とし、夜伽（よとぎ）に関するものも集めておく。夜伽は喪屋の慣習の残留かと思われて、至って重要なる観察点ではあるが、まだ一項目を立てるだけに各地の資料が集まっておらぬ。仮にここに附載する次第である。

元火を食う　モトビヲクウ　伊予喜多郡大川村では、講仲間の中精進に対立して、親類縁者の亡者の家で飲食し、かつ内部の手伝いをすることを元火を食うという。この人々も白米一升を持って来ることは組の人たちと同じだが、後者にはこの外に香奠は無く、身うちの方は香奠に添えてこの米を持って来る（葬号）。

モを食う　モヲクウ　元火を食うことを、安芸の三津などでは、モを食うと謂う。肥前の五島などではヒを食うと謂っている。

火を食べる　ヒヲタベル　伊豆の神津島ではこれを火を食べると称し、かかる近親は出棺時に泣き別れの別れ飯を食べ、七日目までは不幸の家に居て別火で生活していなければならない。注意すべきは、この家にあっても神様にお供えしたりする人だけは、また一人だけ火を別にして、穢火にまじらず生活しなければならないということである。これと前に述べた壱岐伊予等のカミカクシの如き慣習と、如何なる関係にあるものか、さらに調査をすすめたいものである。

三人搗き　サンニンヅキ　枕飯に用いられる米を、筑前大島では三人搗米と謂う。必ず玄米を三人して搗くのである。臼の中から出すときトオシ（篩）を通さず、箕でさびて箕の向うから受取り、空釜の中へ米から先に入れ、水を後から入れて磨ぐことは他の地方も同じい。桝はこの米には使用せず、手を以てつかむことにしている（葬号）。肥前の川上郷でも死人あれば四斗臼に玄米を入れ、杵を以て必ず三人で搗く習わしであり、それ故に三人ナデと謂っている（社会史研究、九ノ二号）。ナデとは杵のことである。この習俗は古いもので無いようである。というわけは以前の手杵時代には、吉事にも常の日にもやはり三人で搗いていたからで、或いは横杵の出来てから後まで、なお喪の米だけは三人かかったか、或いはこればかりは古風の手杵を用いることにしていたのであろうと思う。

四人杵　ヨニンギネ　この名称のあることは未だ確かめないが、土佐長岡郡では、埋葬の日死者に供する飯米は四人が杵をふるい、相対して一臼の米を精げた。今は精米所が出来てこの風習は絶えた。この際には特に北向きの竈を築き飯と菜とを調えた。故に平日は北向きの竈、及び四人向き合って米を舂くことを嫌ったという（葬号）。この禁忌は昔からあったものとも考えられる。

火の飯　ヒノメシ　壱岐では死者の血族だけに別火の食事をさせる。これを火の飯と謂い、その料に各人が持って来る白米一升をヒデエと謂う。ヒとは忌のことである。故に死亡の通知をも「ヒを告ぐる」という。その使いは必ず二人（壱岐島方言集）。なお四章のヒジの条をも参照せられたい。このヒの飯は別火別室で食うことになっている。

ヒデ　鹿児島県には、今でも香奠をヒデと謂う処がある（県方言集）。この方言の分布はさらに弘く九州の田舎に及び、互いにそれを我が土地だけの片言と思っているものが多かろうと思う。その保存状態を調べてみたいものである。

枕米　マクラゴメ　肥後下益城郡では、不幸のあった家へ夜食を送る。舅姑の場合には一俵ないし三俵の米を贈ることもある。これを枕米と謂っているのは（郡誌）、やはり枕飯の料になるからであろう。丹後の海岸地方にも枕米という語がある。子や聟などは枕米一俵酒一樽、兄弟姉妹等それぞれの多寡がある（与謝郡誌）。

ススメ　陸前遠田郡では悔みの日、近親の者がススメと称して、順番に飯を炊いて集会者に馳走する（郡誌）。その材料もまた各縁者の負担であったと思われ、牡鹿郡では近親より贈って来る米その他の物品をススメと謂っている。それから同じ人々が金銭を持って来るのをクヤミ、葬式終って後法要の際に、金を贈るのだけを香奠という。契約講の醵出する米銭はツナギであって、これとはまた別になっている（葬号）。

貢き　ミツキ　大隅の高山では、右のクヤミの金品をミツキと謂っている（野村伝四氏）。即ち貢ぎの意味であって、ヒデは次に挙げる籾（もん）くぶきの方では無いかと思う。

一升悔み　イッショウクヤミ　甑島の瀬々浦では、葬式翌日の「三日」と称する法要の際に、白米を一升以上贈って来る者がある。これを一升悔みと称して、四十九日には招いて酒食を供する。クヤミが前にも述べた様に、身うちの者に限られた語らしきことは、これからもやや想像しえられる。ただし九州は各地とも、弘くこれに対して一俵香奠という語が行われている。女婿や別家の子の如き特に死者に近いものが、入費を分担する心持を兼ねてこうして余分の忌の飯を負担したので、それをまた名聞の為に棺前に飾り立てる風さえ生れている。その為に一升悔みの親類は、自然に中間の一階級の如き観を呈し、これには無縁の村人までが追々と参加した傾向が、あたかも忌の稀薄なる延長と併行して現われたのでは無いかと思う。

一俵香奠　イッピョウコウデン　一俵香奠は九州以外にも例が多い。例えば伯耆西伯郡大高村などでは、村の規約により村中普通は白米の一升香奠であるが、親族間は玄米の一俵香奠である。「玄米一俵、何某」と貼札して玄関に積んでおく風である（民学、四ノ三九〇頁）。

式米　シキマイ　筑後の八女郡では、右の一俵香奠を式米などと称して、棺前に積重ねて贈人の名を短冊に署すること、都市の造花放鳥と近くなっている。式後に坊さんへの謝礼として、香奠と共に寺へ贈るという（旅、七ノ三号）。

籾くぶき　モンクブキ　大隅高山では親死亡の時、子より送る籾（もみ）俵を籾（もん）くぶきと謂う（野村氏）。クブキは叺（かます）のことで、藁製の袋の口を括（くく）るからそういうらしい。

カガリ　上総山武郡などでは、父母の死亡の場合、米俵に特殊な縄かがりをして贈ることをカガリを附けると謂う。この地方の習わしとして、幼児をめでたい老人に拾って貰うことがあるが、そういう取上げ孫も取上げ爺婆の葬式に際しては、このカガリの米俵を一駄贈って来る（秋葉隆氏）。

入れ米　**イレマイ**　信州更級郡信級村では、入れ米と称して、妻の親が死んだ時に聟は香料の他に金品を出すが、入れ米で葬式が出来たという程に多額であると謂う。

見立料　**ミタテリョウ**　安芸山県郡中野村では、親の死んだ場合に、嫁いでいる娘や、分家している次男以下や、また契約子も、それぞれ相当多額の金をヒキウケ即ち長男の方に出すことがあるが、それを見立料と謂っている。大きな紙に氏名金額を書いて貼り出しておく風である。また彼等はそれぞれ自分の師匠坊主を葬式に連れて参らねばならない。

別帳場　**ベツチョウバ**　同じ安芸山県郡の山間では、葬儀当日香奠を受ける為に後嗣ぎの帳場が立つのはもちろんであるが、時には他家にある子女等も別帳場を立てて、それぞれに自家の関係者からの香奠を受ける風がある。集まった物品は総て葬主へ出して親の葬いのテゴ（手伝い）をするのである。他日香奠を返す際の義理は、もちろんそれぞれ別帳場を立てた者が負うのである。

インシン　信州小県郡では近親の香料をインシンと謂う。ささぎ豆と糯米（もちごめ）とを蒸したもの四重位持って来て、寄っている人全部にふるまうのである（長村郷土資料）。

色代　**イロダイ**　甲州東部では、香奠以外に特別に若干の金銭を出すのを色代と謂う（北都留郡誌）。相州津久井では死者に世話になった人々などの、供に立つ者が出す香奠が色代で、多くは五銭十銭の少額だという（葬号）。佐渡では香奠に三通りあって、イロを着る見送り人の出すものを色代香奠というから（同上）、即ち一升悔みに当るものである。イロは後にも出て来るが忌の衣のことである。婚礼には嫁が着るし、死者の着る白衣をもイロという処がある。無色を意味する逆さ詞である。

目覚し　メサマシ　九州では広くこの語が行われて、一般に通夜の夜の食物を意味している。肥前島原では村の有志が米を一合位ずつ集めて持って行き、これに参加することを目覚しにかたるという。肥後の南関でも講中ならゴ一つまたは二つ、親類ならば二升位、握飯にして目覚しに持参する。日向の真幸でも郷中の者が、米を集めて、握飯にして持って行くのを目さまし、またその通夜のことをも目さましという。家族親族はこの語を使わぬという。伽(とぎ)はその和製文字が表示するように、多くの人が集まっていることを意味し、トキは目覚しと同様に起ていることから出た語と思われる。これに参加して食事をすれば、合い火になることは確かなのだが、近世は忌のかからぬ者までが、至って気軽に通夜の席へ出ることになった。しかもこれに携帯の食事を条件としているのは、なお調理を別にしなければならぬ拘束が残っているのかと思われる。とにかくにメサマシは殆ど常に、外でこしらえた食事であった。阿蘇では無常講で集めて贈る米も、目覚し米と謂っている（以上葬号）。

淋し見舞　サブシミマイ　尾張起町では葬式前夜に、親戚知人等から贈る饅頭菓子の類を淋し見舞といい、通夜の人々に御馳走する（葬号）。信州の下伊那等では、葬後数日間に贈る忌中慰問品を淋し見舞と呼んでいる。

添寝　ソイネ　長門の大島などでは、死者の傍で夜伽することを添寝と謂っている（島、一ノ三号）。事実女房や娘は死者の傍に寝たのであろう。そういう実際の例が日本でも稀にはあった様に記憶するが、今たしかな出処を挙げられない。こうした痛ましい光景の中であったならば、目覚しを食事と解する変遷も起るまいが、喪屋に籠るという習わしは、埋葬の方法の改革と共に存外に早く無くなってしまったのである。なおこの点については、霊屋の章でもう一度述べようと思う。

ドシ　対馬の阿連で夜伽のこと。死人を入れた三隅蚊帳の外で、火がかりのものが寝るのである。忌のかかった者は葬式の晩以後、逮夜の日までは泊っていなければならぬという。

ホトケマブリ　常陸多賀郡で通夜をいう。

大病通夜　**タイビョウツウヤ**　飛騨の高山で、病死した最初一日の通夜は大病通夜と称し、主として血縁の者がつとめる。死者の周囲は女だけが取り囲んでいる。次の晩死者を棺に納めてからは本通夜と称し、やはりまず女達だけで棺を守っている。喪服でないのを例とする。因みに葬式当日盛装して棺の側に坐っている人達を女中ミタテと謂う。喪服ではなく、裾模様などの晴着で盛装している。大体に血縁の婦人達であって、棺側は女のみで、男達は次の間に坐っているという。みたてに参るほどの親しい交際を女中ヅキアイと謂う（ひだびと、三ノ九号）。

潮嘗め　**シオナメ**　忌の終りは現在は四十九日が通則になっているが、人によってその期間に長短がある方が当り前である。その終りの日には改まった大きな式が入用である為に、家長の忌を以て全体の中陰としたのでは無いかと思う。鹿児島県の宝島では、人の死後、親子は百日、兄弟は四十五日、従兄弟は三日たつと、各々潮花を汲み竹の葉を以てこれを身に灑ぎ、またこれを飲む。親しい者ほど多く飲み、縁の遠い者は嘗める程度に止まる。そういう関係を潮嘗めと謂っている（島、一ノ一号）。従兄弟ですら三日だから、それより疎い者ならばたとえ合食をしても、帰って潮を嘗めておけば浄まることが容易であったわけである。富家の葬式の煙絶やしに村中先を争って集まって来るのも、そう近頃からの現象では無かったとも見られる。

一〇、葬　具

墓穴掘りに関する事は後に廻し、ここに野道具の種類や調製についての資料を一応集めておく。しかし便宜上野辺送りの章に廻したものもあり、殊に直接亡者の身につける物や棺のことは、一括入棺の章にゆずった。野道具は町近い在方などでさえも、なお講中組仲間の仕事とされている部分が少くない。

トリコシラエ　福岡県八女郡でも、葬式準備の講中の手伝いは二組に分れる。一は穴掘りであり、他はトリコシラエと称して提灯その他の諸道具を作るものであった（旅、七ノ三号）。

貼方　ハリカタ　右の役を信州小県郡ではハリカタと謂っている。頭仲間のうち、老人はこれにまわり、若い者は穴場をつとめるのである（長村郷土資料）。多分貼方、即ち葬具を作る役の意味であろう。阿蘇の宮地町でも同じ語があるが、仕事の範囲は狭く、死人を入れるハンド甕に紙を貼りまわす役のことらしい（葬号）。

土人　ドニン　遠江では弘く葬儀の支度に手伝いする人を土人と呼んでいる。浜名郡誌にも、万端の執行は隣家または組合内の者に一任し、これを土人と謂うと記され（下ノ三九三頁）、或いは以前はこれらの土人によって、直ぐ米が搗かれたと云う（遠州積志村民俗誌）。土人は右の貼方だけではなくて、穴場の役をも含めた名称らしい。

シニマク　壱岐では死人が出ると講中の者が葬用の品の買物に行く。そのうちヤマゴザ（一名トントンゴザ）、抹香、十三仏、紙製の経帷子、ミョーガ紙、数珠、櫛、針、以上のものをシニマク一式という（壱岐島民俗誌）。

ほう立　**ホウタテ**　近江高島郡西庄村では、葬具の紙飾りをほう立と謂う。寺から借りて来た数対の供笥や提灯等に貼りつけるところの、三角形に切った紙片のことである（葬号）。

念仏紙　**ネンブツガミ**　土佐の長岡郡で念仏紙というのは、淡紅色の紙に白粉を以て南無阿弥陀仏と数行印刷したものである。これに白紙を混じて孫杖を巻き、或いは紙花を作り、または散華等に使用する（葬号）。筑前大島では、南無阿弥陀仏の名号十句を赤紙に書いて、棺の正面に貼るもののことである（同上）。

紙花　**シカバナ**　紙花、四花、死花、四華等の字が宛てられた一種の葬具は、弘く全国に見られるのであるが、その製法や用途に少しずつ相違がある。信州下伊那郡では、細長い紅白の紙を横に細かに鋏を入れて、細い竹串に螺旋に巻いたものであり、相州津久井郡ではこれを四本ずつ二個の台に立てる。広島では形は御幣に似ていて墓の屋根の四隅に立てるものである（以上葬号）。男鹿半島でも人が死ぬと即時に親戚の者が集まって白紙でシュカバナを作り、またシュカ団子を拵えて死人に供えるという（男鹿寒風山麓農民手記）。如上の形式のものより一段古いと思われるものに、削り掛がある。美濃揖斐郡の徳山村でシカバナは白木の削り掛で、これを四本野机の位牌の前に飾って位牌と共に三昧に置いて来るのである。八丈島でも墓地に立てる削り掛の一種だといい（民俗研究、一一号）、坪井正五郎さんは古く人類学雑誌で、紙花は削り掛と元来一つのものであったろうと述べておられる。なおシカに伴う俗信の相当多いことも注意さるべきである。陸中遠野では死花を立てられぬと、死人はあの世へ行かれぬと謂っている。石見の邑智郡では、シカが広がっていたら死人が近いというし、特に興味あるのはシカがひっくりかえるとその方向に死人が出るとて、一種の方向指示の力をこれに認めていることである。

野花　ノバナ　長門通浦では、シカバナに似たるものを野花と謂っている（葬号）。

紙花　カミバナ　能登鳳至郡河原田村では、葬儀の花は蓮華、牡丹、菊など総て紙製で、これをカミバナと謂っている（郡誌）。

紙幣　シベイ　壱岐では、竹の細長い串に白紙や色紙を房のように切ったものを巻き、上に色紙の切花をひねりつけたものを僧が作ってくれる。葬式にも七日詣りにも仏前に供えて、後に墓に持って参って竹の花筒にさして上げる。年忌の供養にもこれをセガキバタと共に、ぜひ入用なものとしている（壱岐島民俗誌）。紙幣かも知れない。

地取り　ヂトリ　備中成羽にてシカバナの事を地取りというのは、或いは埋葬地の四方に突き立てる習慣を伴うための名称かも知れないが、或いはまた葬地を卜する為の箭が死花の起原であったという自分の想像を、裏書する一つの証拠のように思える。

コシオレ　備前では葬式に使用する天蓋の一種を、こう呼んでいる所がある（邑久郡方言）。

ヤボタ　薩摩の宮之城町で、紙で貼った天蓋の一種を謂う。葬列には青年の力のある者が持って行く。読経の時はタマヤの上に置き、葬る時穴に入れてしまう（葬号）。

魂袋　**タマシイブクロ**　福島県大沼郡中ノ川村では、障子紙四枚張り四角の紙を円く袋となし、これを棒に結びつけて棺の側を持って行く風がある。この魂袋というものは、葬列に持参する天蓋や蛇などと関係ある如く、或いはそれらの元の形かも知れない。

カラシシ　下総の印旛郡では、棺の上にかざす天蓋の下に、紙でこしらえた蛇の作り物をさげてゆくが、これをからししと呼んでいる（旅、九ノ四号）。細長く作っても、果して蛇であったかどうか疑問である。

コガン　陸中鹿角郡で棺前を担いで行く葬具の一つ。屋根形の下に、曲物の輪を横にとりつけ、それを棒の先にぶら下げたものである（鹿角方言集）。

しし旗　**シシバタ**　武蔵八基村では、シシバタと称する龍旗がある。

ワラジダイ　磐城西白河では、金銀の箔紙で孔雀などを造り、棺の上層に取りつける飾物をかく呼んでいる（西白河郡誌、三九〇頁）。

折掛位牌　**オリカケイハイ**　壱岐では細く割った竹を板の台に折曲げて立て、上から紙の袋を被せてこれに戒名を書いたオリカケ位牌というのを、後嗣ぎが抱えて葬列の棺の直前に立つ（壱岐島民俗誌）。多分折掛位牌であって、かりそめのものであろう。

野辺位牌　**ノベイハイ**　陸前網地島長渡では死人が出ると位牌は二つ作り、野辺位牌という方は墓場へ持って行って置いて来る。内位牌は家に置いて三年程経つと、新たに立派なものに作りかえてこれを寺に預ける（島、一ノ二二四頁）。

香立　**コウタテ**　佐渡河原田では、仏飯には箸二本を立て、入棺後はこれを香立と立てかえる。色紙や金箔紙を細竹に付けたものである。忌中には新仏に供えた飯に立て、四十九日の喪が明けるとこれを墓へ移す風である（葬号）。

盛物　**モリモノ**　盛物の名称は広く行われているが、ここに大阪府豊能郡の一例を挙げると、蓮の造花の下の台に板を立て、これに菓子類や団子などを飾りつけてある。台は六角形の箱で講中備品であり、それに銀紙色紙などを飾って使う（葬号）。

飾煎餅　**カザリセンベイ**　土佐長岡郡では飾煎餅と称して、小判形黄白紅三色の煎餅を二三枚ずつ竹片に挟んだものが葬列に加わるらしい（葬号）。

戻り道具　**モドリドウグ**　筑前相島や地島では葬具を戻り道具という（葬号）。

はやもの屋　**ハヤモノヤ**　凶儀の器物をハヤモノ、それを取扱う店をはやもの屋と呼ぶ地方は広い。

忌もの屋　**ヒモノヤ**　肥前で葬具を売る店のこと（民歴、五ノ六号）。これは檜物ではなく、忌をヒというからであろう。

あたらし屋　**アタラシヤ**　宇和島辺にて葬具店をかく呼ぶが（民歴、五ノ六号）、これも忌詞である。

だみ屋　**ダミヤ**　秋田県で葬具屋をいう。棺桶をダミバコ、葬式をダミダシ、ダミコと呼んでいる。

無常小屋　**ムジョウゴヤ**　後にヒヤの項にも述べるが、福岡県築上郡東吉富村では、村に共同の葬具が備えてあって、それを野原の石垣の上に造った藁小屋に平素蔵ってある。この小屋を無常小屋と称し、子供等は側を通る際に、息をつめて走るという（葬号）。

シバニフヨウ　岡山県の一部で葬式の費用のこと（児島湾方言集）。

一一、入　棺

葬具支度を他人に委せる事は相対して、湯灌入棺は火がかりの血族の責務としている所が今でも多い。これを卑賤の者に委ねる場合は別として、特別の恩誼を負う者等が引受ける風が追々普及するに到ると、浄め酒身洗酒の如き名称をもった習俗が生じて来なければならないのである。喪屋に籠りかつ忌の飯を相食すべき肉親ならば、身を洗い浄める必要もない訳である。

湯灌　ユガン　能登越中などでは納棺のことをユガンという。鹿島郡では普通甥にあたるものがこれに与るが、甥なき時は兄弟であり、二人位でする。七尾等の町方では藤内と呼ばれて以前特殊扱いを受けた人々が頼まれて行く。藁縄を襷とし、死者を新調の盥に入れて髪を剃り、列座の近親はかわるがわる必ず左杓で水をかける。屍体を起す時は必ずオイとかサアとか掛声をする。そして棺に納めるのである（葬号）。

湯棺　ユカン　丹後の一部でも身内の者が縄帯縄襷にてこれを行い、その湯は穴を掘っていけこむ。塩と糠とを持って海へ清めに行き、縄類は海へ捨てるが、この際切物を以て水を切る風がある（宮津郷土誌）。ユカンの語は、ユカワとニッカン（入棺）とが合した訛であろうと思われる。

湯かわ　ユカワ　死体を洗うことを四国の所々でユカワと呼んでいる。淡路ではユカオとも謂う。

湯浴み　ユアミ　喜界島阿伝ではユアミと称している。この水は必ず山の水で三人で汲みに行き、柄杓を水の流れる方に向け、即ち上流から下流に向けて汲む。庭で沸かし、盥に井戸の水を入れて後からこの湯をそそぐ。こうした汲み方や混ぜ方は普段は決してしない。ユアミは死者の身体をざっと拭くだけで、男なら顔などを剃ることもある。それがすむと茶の間から表の間へ移すのである（葬号）。

湯かみ　ユカミ　飛驒益田郡では、湯灌（ゆかん）のことをユカミという。ユアミ、ユカミ、ユカンと言葉の変化して行ったことも、これによって想像しえられる。

無垢湯　ムクユ　播磨武庫郡では、湯灌の事をかく呼び、深更にこれを行う（郡誌、一〇五頁）。無垢湯の字を宛てている。泉北郡の取石でも同行（念仏講）の仲間に死人が出ると、一同でムク湯をして、家の者は一切さわらぬことになっている（旅、九ノ七号）。紀伊那賀郡ではムクイは子または配偶者等最も死人に関係深き者数名これにあたる（郡誌、下七五八頁）。信州下伊那郡でもムクイという。

湯洗い　ユアライ　対馬の久根田舎で湯灌のこと。納戸でこれをして、納棺を終えたら台所、次ノ間、縁ノ間と室を迂廻して本座に棺を据えると謂う。

拭き湯灌　**フキユガン**　駿河安倍郡などで、死体を洗わないで単に拭うだけのものを、フキ湯灌と呼んで区別している（郡誌）。

トリオキ　これは前にも述べたように、処理もしくは後始末を意味する語であって、葬儀の総称として使われている所があり、また播磨や周防大島などでは死者への引導の意味に使われている。しかるに伊予喜多郡大川村などでは、ユカワを一名トリオキと謂うのである。即ち湯は戸外で沸かし、近親の者が縄襷で沐浴せしめ、新調の白衣を着せる。若き死者だと左り前にし、足袋も左右逆にするが、老人にはこの事はない。髪は剃りっぱなしで手で受けぬという（葬号）。青森県野辺地ではこの役をトリオキニンという。死者の生前世話になった人が着物を裏返し縄襷、敷居を跨いで酒を飲んでこの仕事にあたる（同上）。

七浪の花　**ナナサイノハナ**　八重山列島石垣島では、死者に供物をそなえ終ると、念仏という鉦を叩く者が七サイヌ花を汲んで来て死人の顔を拭く。七度打ち寄せて来るサイ（浪）の花、つまり潮水のことで、不浄を浄める唯一の神水だと信じられている。会葬の帰途にも人々は海へ行って、七サイヌ花で身を清めて帰宅する風である（葬号）。

迎え水　**ムカエミズ**　三河八名郡にも、平常井戸や川から水を汲んで来るのを迎えてはならぬという俗信がある。それをするのは死人を洗う水だけだからと謂っている（葬号）。湯灌用の水汲みには様々の作法があったのである。

声掛水　**コエカケミズ**　声掛水の名称はどこかにあった筈である。筑前大島では、湯灌の水を汲みに行った者を、必ず呼びに行く習俗があるらしい（葬号）。因みに日向真幸村ではこの水を持った者が、横座を通るが、これはやはり平常は固く禁じられたことだという（葬号）。

逆さ水　**サカサミズ**　湯灌に用いる湯は、水に湯をさして適度の熱さとすることは、全国的風習であるが、これを八戸市などでは逆さ水と呼んでいる（葬号）。

逆水　**サカミズ**　播磨印南郡では湯灌の際に屍を湯で洗った後に、血縁の者が水をかける。これを逆水という（郡誌、下四七七頁）。

枕起し　**マクラオコシ**　阿蘇地方では、死者を湯灌の盥の中へ入れて喪主が体を起し摑まえる事に定まっており、これを枕起しという。そうしておいてその周囲で近親者達が酒盃をあげる事を、入棺ノワカレと呼んでいる、それが終って左柄杓で水をかける（葬号）。

仏起し　**ホトケオコシ**　阿蘇の宮地町ではこれを仏起しと称し、子ならば親、親ならば子がこの役に当り、必ずオコスバナーと一応死者に礼をしてから起すという（葬号）。十島宝島でも湯浴みの前には案内と称して必ず三声、声をかける（同上）。

入棺　**ニカン**　八戸市などで、血縁の者が三四人縄襷、縄帯、飯茶碗に一杯冷酒を飲み、口に紙をくわえて、前記の逆さ水で湯灌をすることをニカンという。佐渡の河原田町でも湯灌をニッカンという人が多い。しかし陸中雫石でもニカンは入棺のこと、磐城石城郡でもニッカンは入棺のことである（以上葬号）。

櫃納み（しつぐき）　**シツグサミ**　喜界島では亡者を棺に納めることを櫃納めと謂うらしい（島、九年版）。

入れ物宿　**イレモノヤド**　伯耆東伯郡の小鹿村では、葬式の時に部落の一軒を借りて棺を作る。これを入れ物宿と謂っている。入れ物は多分棺の隠語である。

乗り舟　ノリフネ　志州和具村で棺を乗り舟という。

乗り甕　ノリガメ　壱岐で死者を入れる甕のこと（壱岐島民俗誌）。塗り瓶、野入り瓶などの連想もつくが、やはり乗りものの意味であろう。またヤマオケという物もある。山桶であるから甕とは別のものである。

山莫蓙　ヤマゴザ　壱岐では甕の中に山莫蓙を頭から被るように敷いて、屍を入れる。だから平素はゴザをかぶるものではないという。これをまたトントンゴザともいう（壱岐島民俗誌）。

もどり莫蓙　モドリゴザ　筑前大島で、納棺の時に棺の底に敷く莫蓙をいう。また壱岐同様に山莫蓙とも呼んでいる（葬号）。

船人　フナウド　常陸で葬儀の世話役を船人と謂っている（風、四五三号）。前の乗り船の例もある如く、フネは棺の古い名称の一つであった。船人はそれを取扱う人の意味に外（ほか）ならないが、それが葬儀における中心的な仕事であった為に、後には意味が拡大されたのである。

手附人　テツケニン　入棺に従事した者を陸中江刺郡で手附人と称し、以後一週間その家で起居する風である（郡誌）。これからでも、入棺はもともと極く血の濃い人々によって行われたことが想像しうる。手附という漢字を宛てているが、前記陸前のトヅケ等と同じ語かも知れない。

剃り受け　ソリウケ　肥後の阿蘇では、湯灌を終ってコロモを着せてから頭髪を剃るのであるが、剃刀の刃は必ず向うむけ、髪は一剃刀ごとに、側についている剃り受けという近親の者が白紙に受け、最後に棺の中へ入れる。頭を剃る間、側では松火を燃すことになっている（葬号）。

着布（きのの）　キノノ　豊前築上郡の東吉富村では、湯灌がすむとキノノという帷子を着せるが、これは家族全部で作るもので、糸は苧を用い、糸の尻は結ばないという（葬号）。多分着布という古語がこの場合のみに残留したものであろう。

死どもち　シドモチ　死人に着せる衣を外南部ではかく呼んでいた（奥南新報、昭和七年十一月三日号）。

サガラ　越前の丸岡辺では経帷子のことをこう呼ぶ。

はや布　ハヤヌノ　遠江浜名郡で、死者の著物や葬具になる布をいう（遠州積志村民俗誌）。

目出度い木綿　メデタイモメン　佐渡では葬儀に用いる木綿を目出度い木綿という。目出度い布という語もある（佐渡方言集）。凶事を吉事と表現することは古くからあった。

いろ縫い　イロヌイ　肥後玉名郡南関町では、死者の白衣はいろ縫いと称して近所の女達が縫うのであるが、これと花作りとの賄いは、特別に講中に一定の慣習があったという（葬号）。

衣裳縫い　イショウヌイ　会津若松では、亡者に着せる白経帷子や脚絆や足袋等は、親族親友が集まって仕立てるのであって、これを衣裳縫いと称し、斎を饗し菓子を送るという（若松市郷土誌）。多分常には言わぬ詞なのであろう。

引ぱり縫い　ヒッパリヌイ　近江高島郡西庄村では、引ぱり縫いと称して、女の手伝い人たちが何人も寄って一枚の経帷子を縫う。苧糸を用い、縫尻はやはりとめない（葬号）。

は糸　ハイト　陸中の鹿角郡では死人の衣を縫う時に用いる糸は、ハイドもしくはカッチョイドと称して、縒のかからぬ麻糸である。カッチョは刈苧であって、粗麻の意。

河渡り　カワワタリ　信州諏訪では、死人に経帷子を着せ、その上に河渡りとてごく荒く織った長さ一丈位の白布をかける（葬号）。

極楽縄　ゴクラクナワ　青森県野辺地では、棺の内で骸が動かぬように、首枕と称して藁の袋をつめる事もあるが、また極楽縄といって白布で縫った縄を首から膝へかける事もある（葬号）。能登鹿島郡でも極楽縄と称し、納棺には三尺木綿を膝から首へかけて棺に入れ、それからぐっと締め付けるので、頸骨が音を立てて砕ける事があるという。以前は藁縄であった。真言宗の家では加持の土砂をふりかけ、その功徳で屍体が自由になるといって縄を用いない（葬号）。この縄はケマンムスビと謂って、真中で結びをこしらえる特別のかけ方をする。またこの縄はいつも用意しておき、新たに作ることを忌み、作ると必ず凶事ありとされている（小田吉之丈氏）。

不浄縄　フジョウナワ　加賀能美郡遊泉寺では、死体は真裸にして桟俵の上にあぐらをかかせて、その上から縄で縦横十文字に固く、腕が体へめり込むほどに締めくくる。この縄を不浄縄といい如何なる時でも、家に一把は欠かされぬとされている。また綯った当人にかかるものだといういう。かける役は近親者で、屍体の前面に立ち廻らずに縛る。前面に立つと死人が鼻血を出すという。この始末をカイシャクといい、縄をカイシャクの縄とも謂っている（民、一ノ一一三四頁）。

眼隠し　メカクシ　丹後の舞鶴地方では、死人の装束は、さらし一反を残さぬように全部使って、帷子、脚絆、手甲、頭陀袋、それに眼隠しなどを作る。眼隠しとは額にあてる三角形のものである（葬号）。

顔隠し　カオカクシ　近江高島郡の西庄村などでは、入棺の時に白い切れを顔に当てる。これを顔隠しという（葬号）。

オテテコ　陸中九戸郡で、納棺の死者に冠せる白頭巾を謂う。

スマボシ　伊予北宇和郡の山間で、入棺の際に死者に冠せる白紙の冠りのこと。額の部分が三角形をなし、他は細く頭の鉢を巻くようにしたもので、これは一枚紙で作る。葬列の位牌持ち、飯持ち、天蓋持ち等もこれをつける。

すみ頭巾　スミヅキン　紀州日高郡では、棺中に納める白木綿の頭巾をかく呼んでいる。

すみ袋　スミブクロ　棺中に袋を納める風は弘い。陸中九戸郡ではこれをスミ袋と謂い、穀物類や日常愛用の品を入れる（郡誌）。

頭陀袋　ヅダブクロ　頭陀袋と呼ぶ地方が多い。三河の設楽地方では、弁当だといって握飯に山椒の葉、赤味噌、粉糠等を入れ（田嶺炬燵話）。或いは山椒の実と灰糠とを入れ、死人の持物、煙草入れ、煙管、茶、小使銭としての六文銭を添える（設楽、昭和七年六月号）。日向真幸村では茶三袋、念珠、扇子、髪道具、それに三途の川の舟渡賃ともこの世に出て来て飴を買って食べる代金とも言って一厘銭七枚、及び近親者の爪を切って入れる（葬号）。

三衣袋　サンヤブクロ　四国にはこの名称が分布している。土佐では死人の胸に置く袋で、中に切手の紙片、木片の銭型六枚、近親者の爪を納めたりする（土佐風俗と伝説）。同長岡郡では三衣袋と称し、その他に僧侶のくれる血脈も入れるが、それを俗に道切手と称し、冥途行きの旅券と考えている。阿波名東郡上八万村のサンヤ袋には、握飯と六文銭を入れ、伊予喜多郡大川村のサンヤ袋は、他の衣類と共に親族の女数名で縫い、その仕事に従事した者は後で針一本ずつ貰う習慣がある。納棺の時に人々の爪と共に、冥土への土産物を入れて首へかけさす。そして墓場へ来て埋葬する前に再び棺を開き、昼の握飯、団子等をさらにその袋へ入れるのである（以上葬号）。

こけ袋　コケブクロ　讃岐の三豊郡などでは、サンヤブクロとも謂うが、一名コケ袋という。死者の愛好の物、煙草や菓子等を入れる。

五穀袋　ゴコクブクロ　陸中鹿角郡では、死人の棺に入れる袋を五穀袋と称し、五穀を入れる。

飯米袋　ハンマイブクロ　青森県野辺地では死者の近親が飯米袋というのを作り、これに米と銭とを入れて棺に納める。その袋をまた墓の上に吊り下げる俗もある（野辺地方言集）。

姥の着物　バノキモノ　羽後飛島では、棺の中へ姥の着物といって別に産衣と同じ着物を一枚縫うて入れる風がある。それは生れる時に、三途川の姥から借りて来たものを返すのだ等と説明されている（羽後飛島図誌）。

とよ木綿　トヨモメン　讃岐三豊郡の五郷村で、凶事に際して嫁の生家や娘の嫁入先などから送って来る白木綿。これで死衣やゼンノ綱などを作るのである。

一本針　イッポンバリ　筑前大島でも死者の首にかけさせる袋を、さんや袋とも頭陀袋とも称しているが、その内へは女なら糸巻、鏡、櫛、笄、簪の他に一本針を納める。この針はわざわざ一本だけ買うものだという（葬号）。

卯木杖　ウノキノツエ　磐城石川郡では、棺の中へ入れてやる杖は卯木杖である（郡誌）。

孫杖　マゴヅエ　土佐の長岡郡では、死者に持たせる杖は孫のおくるものであるから孫杖と呼んでいる。しかし孫のない人にも持たせるから魔護杖だろうとも謂う。念仏紙とて淡紅紙に南無阿弥陀仏と印刷した紙と白紙とで、巻いてある（葬号）。

孫を抱かせる　マゴヲダカセル　伯耆の西伯郡大高村では、入棺には或いは蓑を衣せ笠を入れる他に、人形をも入れる。これを孫を抱かせるという。藁製で顔に紙を貼り、目と鼻を書き、紙の衣を着せたものである（民学、四ノ五号）。

送り　**オクリ**　近江高島郡西庄村は大谷派の土地である。入棺したら剃髪式とて坊主が死人の頭を剃る真似をするが、この際送りというものを坊さんが棺の中へ入れる。何が書いてあるか誰も知らぬという（葬号）。

がん笠　**ガンガサ**　紀伊日高郡上山路村では、湯灌の後に納棺した蓋の上にのせる笠を、こうよんでいる。

ヒヤ　豊前の築上郡東吉富村では、棺を載せる輿（こし）をヒヤと称し、これとケタツと称する輿台は共同のものが出来ていて、平常は無常小屋に蔵（しま）ってある（葬号）。

日覆い　**ヒオオイ**　能登鹿島郡では、棺には寺から持来たった七条衣をまとい、家葬礼（うち）が終ると棺を棺台にのせ、日覆いと称する檜のへぎ板で造った切妻形の輿を以て覆う。寺院ではこれの宝篋形造のものを使う（葬号）。次に記する如く、日覆いの語は土佐長岡郡にも使われている。

タクラ　甲斐で棺を載せる台をいう（続甲斐昔話集、八八頁）。

締縄　**シメナワ**　土佐長岡郡。これも野辺送りの日のことであるが、礼拝終ると棺をチキリで鎖し、舁棒の上に置く。もとはその上に瓦などに氏名を刻した墓誌を置いたが、今日この風は廃した。棺と舁棒とは二条の締縄で結び、その上から日覆いをおおう。この縄は棺の動揺を防ぎ、また墓穴に棺を釣下げる時に使うものであるが、埋葬の時に墓から数寸外に出しておくのは、死者蘇生の場合に引出す為に、また火負けした者のまじないに使う為だという（葬号）。

じゃく縄　ジャクナワ　陸中雫石では、棺を台に縛りつける荒縄をジャク縄と称し、葬送の中途に死人が魔にさらわれぬ為のものだという。もとは死の直後に膝に縄をかけて胸の方へ曲げたという話があり、それは硬直して納棺出来ないことを恐れた為とも、また妖魔の為に活きかえるのを怖れた為とも言い伝えている（葬号）。ジャク縄は日常備えおくものらしい。

一本箒　イッポンボウキ　肥後阿蘇地方では、入棺が終ると直ちに床下を掃除する。使用した水は床下にあけ、その上には必ず大麦の種子を撒き、しかる後に床板をはめて畳を敷く。床下を掃除する箒は必ず竹の一枝の箒であるから、常の日には一本箒の使用を忌む。この地方では出棺後にも、家の内に塩または大麦を撒いて掃除する習慣がある（葬号）。

浄め酒　キヨメザケ　入棺に従事した人だけが特別の飲酒を必要とする習慣が各地方にある。既に幾つか例を述べたが、陸中紫波郡ではこれを浄め酒と謂っている。湯灌や入棺は子弟近親達が縄の帯襷で白紙を含んで行い、終ると一杯の酒をのむ。酌をする者は敷居を隔ててつぐのだという。

身洗い酒　ミアライザケ　陸前の牡鹿郡では、入棺、穴掘、棺かきをした人々は浄めの意味で酒を飲むが、これを身洗い酒と呼んでいる（葬号）。

手洗い酒　テアライザケ　信州諏訪では、納棺を終ってから塩水で手を洗い浄め、冷酒を一杯飲むが、これを手洗い酒と呼んでいる（葬号）。五島で手洗い酒は、葬式用具を作る人々にすすめる酒であると謂う。

しまい酒　シマイザケ　壱岐では湯灌をシマワスルという。畳屛風を立て、近親の者が衣を裏返し縄帯縄襷で、まずシメーザケとて次から次に手酌で酒をのみ、死人の顔にも吹きかけ、「さあしまおばな」と死人に挨拶してから取りかかるのである。この際線香は束のままに火をつけていぶす（壱岐島民俗誌）。石田村などではシマイをするのは相続人及び近親者の役である。

家移り粥　ヤウツリガユ　青森県野辺地では、転居の祝いに炊く粥をかく謂うと共に、死体を湯灌する時に、近親者が食べる小豆粥をも家移り粥と謂っている。この場合は一杯しか食べられない（野辺地方言集。葬号）。これは趣意は次の出立ちの膳と同じもので、ただ時間が早くなったものであろう。

一本箸　イッポンバシ　入棺後僧の読経する間、親戚知人等は一本箸で御飯を食べる風が武蔵大里郡などにあり、こうすると死者は淋しくないと謂っている。

二、出立ちの膳

出棺時における飲食は、本来極く狭い近親者が、亡者との永別を告げる為に取ったものかと思われるが、共食の範囲は次第に拡大した。ここに集まった資料には、未だ精細を欠くものがもちろん多いが、なお変遷の種々の段階はうかがうことが出来よう。

泣き別れ　ナキワカレ　伊豆の神津島では、葬礼にワカレメシと呼ばれるものが二種ある。一つは死後七日目の食い別れ、一つは出棺時の泣き別れである。即ち極く近親の者だけが葬列の出る時に一膳飯を食べるのであるが、彼等一同は以後七日目まで、喪家に泊って別火の生活をしなければならないのである。葬送の日にそれ以外の人に食事を供する風は無い。

出立ちの膳　デタチノゼン　相模津久井郡では出立ちの膳、或いは一膳飯とも謂って、供に立つ男女が読経が始まろうとすると列座して、一杯きりの飯を食うのであるが、今は略して一個の膳部を片端から廻して推戴くのみになったという。平常一膳飯を食うものでないと謂うのはこの為である（葬号その他）。

出立ちの御飯　デタチノゴハン　陸前石巻辺では出棺前の御飯を、出立ちの御飯という。土佐幡多郡橋上村では、デタテノ飯と呼んでいる（葬号）。日向児湯郡の山間で死亡翌夜の来客に出す膳を出立ちと称している。もし野辺送りが、そのまた後の日にでもあるのなら、陸奥の家移り粥の如く、本来出棺時の食事であったものを繰上げて饗することになったのであろう。

立場の膳　タチバノゼン　長門阿武郡の大島では、出棺の読経終ると立場の膳を出す。これはただ儀式のみで飯粒二三を食べるだけ、また酒をただ立ったまま一椀のむだけのものである（桜田氏）。同大津豊浦の二郡でも、一般に立場の膳、立場の酒という語が使われている（葬号）。

立場　タチバ　広島市附近では出棺の際に、簡単に握飯の鉢を戴く形式がある。それを単に立場と呼んでいる（葬号）。

家立ちの飯　ウッタチノメシ　大隅肝属郡高山町で、葬送の際に親族縁者がする食事のこと（野村伝四氏）。多分家立ちの飯であろう。

御立　オタチ　福島県石城郡では出棺の際に、取膳で吸物を吸い、相酌で一献ずつ酒を飲むのを御立という（葬号）。

立飯　タチメシ　岡山市外今村地方では、火葬後一週間で骨を埋めるが、その間七日看経（なのかびかんぎ）とて経をあげ、村人が香奠を持って来る。その返しとして餅や菓子を出す家もあるが、近頃は多く葉書で上に立飯と書いてある（葬号）。もとは立場に飯を出した名残りと思われる。

出場の飯　デバノメシ　上野多野郡では出棺前に出す飯を出場の飯と呼んでいる。この時に金剛杖と金剛草履を分つという（郡誌）。近親者だけが食べたものかも知れない。

出場の握飯　デバノニギリメシ　佐渡の河原田町では、出棺に際して出場の握飯を食べるのは色着を着る近親者のみである。赤飯を添える所もある。これは一本箸で食う故に、平常は一本箸の使用を忌む。他処弔いの衆には別の本膳を据えるという（葬号）。

横握り　ヨコニギリ　肥前諫早地方では、葬式の日の握飯だけは砲弾形に握り、胡麻塩をつけ、これを横握りという（桜田氏）。

凌ぎ　シノギ　上総夷隅郡では葬式当日に、会葬者に与える食事をしのぎと称し、粗末なものである（郡誌）。多分凌ぎであって、飢えを凌ぐ意味だろう。本来血縁なき人々には、喪家で何も食わさぬ習わしのあったことを示す語ではあるまいか。

非時　ヒジ　播磨の飾磨郡では、会葬者には非時と称して飲食の饗応をなし、また会葬者は香料として応分の封金を持参するという（飾磨郡風俗調査）。仏事関係の、斎に対して不定時の食が非時であるという解釈もあるが、前に述べたヒデ等と同語かとも思われる。

おとぎ　オトギ　肥後の阿蘇では、葬式の始まる直前の午後の二時三時頃に行われる酒宴をオトギという。まず組内の者全部と遠縁の者へ膳を供し、次ぎに新しく膳を運んで身内の者だけのオトギがある。共に棺を前にしての饗宴であるが、死者もこれに参加するという考えの有無は、もう判然しないという（葬号）。オトギではなくてオトキだろうと思うが、或いはまた二者同じ語かも知れないのである。

餞別　センベツ　対馬の青海では、葬送当日には全部落百六十人位がすべて業を休み手伝いに来る。彼等が出棺前に酒をのむことをかく謂っている。

出立ちの酒　デタチノサケ　肥前五島では出棺直前に、会葬者に椀の蓋などで酒を飲ますのを出立ちの酒と称す。飲めぬ人は指をしめして頭に塗る。

出立ちの盃　デタチノサカヅキ　五島小値賀などでは、出棺の前に木盃を一同に一度きり廻すことを、出立ちの盃という。

別れの御酒　ワカレノオミキ　肥後阿蘇地方では入棺の際に入棺の別れと称して、近親者が酒を飲むことは前に記した。同地方ではまた葬式の際に焼香がすみ読経が終って、棺前での別れのおみきと称して酒が出る。焼香した者だけが参与するというから（葬号）、多分親類縁者や比較的近しい交わりの人々の範囲と思う。

暇乞酒　イトマゴイザケ　筑前大島では、葬儀に行く者は暇乞酒という酒を家すずの中に入れて持って行く。近頃は大概代金で二十銭位である。葬家では門戸口に酒桶に柄杓をつけ、茶碗と塩とを添えて会葬者に出すというが（葬号）、多分暇乞酒もそれに加えたものであろう。長門大津郡一貫瀬では、出立ちの酒を暇乞の盃と謂う（葬号）。

力酒　チカラザケ　岩代耶麻郡では、出棺に先だって、親族が冷酒を黒椀で飲むのを力酒と呼んでいる（郡誌）。

力餅　チカラモチ　下野の芳賀郡では、葬儀の際に棺の縁綱を曳く近親者が、出棺に際して食べる餅を力餅という。力をつけて綱を引く意味だと謂っている（食号）。

一杯飯　イッパイメシ　対馬の阿連では出棺の時、茶碗に一杯盛り切りにした飯を、家に残る者が庭に落したふりをして壊さねばならぬ。これを盛る者は手伝いの女達の手でしてもかまわないが、あらかじめ杓子を折っておいて、盛り終った時に折ってしまうようにする。濃部にも同じことがあり、一名デタチノメシともいう。

かどごろう飯　**カドゴロウメシ**　右の一杯飯を同島青海部落ではこういう名称で呼び、喪家の主婦が炊くものとなっている。空鍋に米をとがずに入れ、水をあとから注いで炊き、一杯盛り切り、出立ちの前に仏に供えておき、出棺の際に落して茶碗をこわす。やはり盛る時に杓子を折ることもある。別にデタチメシを読経がすんだ後で、火がかりの者に食べさせる。

ようごの飯　**ヨウゴノメシ**　死の直後に炊く飯をようごの飯と呼ぶことが、福島県大沼郡にあるのを既に述べた。同石城郡では、やはり孫であるが、出棺前に庭で炊いて椀に高盛にして供える飯のことだと謂っている。膳は左前で、汁椀には塩と生味噌とを入れる（葬号）。

時分使い　**ジブンツカイ**　近江高島郡西庄村では、葬式の日の斎に、もう時分はよろしゅうございますと肩衣をかけて、家々や寺へ案内して廻る役を時分使いと称している（葬号）。

おい付馬場　**オイツキババ**　近江高島郡西庄村では、葬式の斎はおい付馬場と称して席の上下を争わず、空いている所へ来た人が勝手に坐る。坐ると酒をつぎ、汁をつぐが、飯は勝手によそって、食べた人から帰って行く（葬号）。

食休み　**ジキヤスミ**　下野の安蘇郡で葬儀の読経中に、列座の人々が別室に行き、お鉢をまわし二箸三箸食べまわすことをいう。多分食休みであろう。またゴクヤスミとも謂っている。

一三、仮　門

出立ちの行事のうち、飲食に関係するものを除いて、他の諸作法をここに集めておく。死者が再び戻り来ることを避け防ぐ為と思われる一連の呪法が、特に目立っている。

仮門　カリモン　出棺時に門型を造って、棺をくぐらせる風は弘く、これを仮門と呼ぶ所は南にも北にも分布している。八戸市附近では家の前に葭を三本麻糸で結んでこれを作り、葬列は葬列隊の通り出て行くが、棺が出ると仮門を外して棺台の上にのせるという。やはり青森県の野辺地でも、名称は不明だが、棺は常の出入口ではなく蔀（しとみ）をあけて出すが、そこに葦などを曲げて門型を造りその下をくぐらせる（以上葬号）。陸中下閉伊郡田野畑村では、スグロという草の茎を菅で結わえて門型をつくり、棺が通ると位牌持ちがこれを刃物で切り倒すということだ。四国でも、例えば伊予喜多郡大川村などは、棺を屋外に出す際に青竹を三角形に結んだものをくぐらせ（葬号）、土佐長岡郡の仮門は出棺の時に、一条の割竹を以て門に蹄鉄形に施したものである（同上）。八重山列島には出棺の際ではなく葬式の墓場からの帰りに、海岸に門型を作る習いのあることは後に述べる。

カリドウ　陸中九戸郡夏井村では、右の仮門のことをかりどうという。やはり萱或いは竹で造った門型であって、早桶だけをくぐらせる。

萱の門　**カヤノモン**　陸中遠野地方では、棺を出す際に萱で門を作る（葬号）。

仮門役　**カリモンヤク**　陸中雫石では仮門はまず家の前で棺をくぐらし、葬列の先頭を運び行き、さらに寺の門前でまた棺をくぐらせる。葦または細竹製であって、一本の葦か竹の両端に糸をつけて一本ずつ結び、それを両端から持ち上げて棺の一行を通すのだと謂う。この役目を仮門役と呼んでいる（葬号）。

筬橋　**オサバシ**　同じく遠野地方では棺が屋外に出る時に、軒先の雨打際にオサを渡しておく風があり、オサ橋と呼んでいる（葬号）。多分機道具の筬（おさ）であろうが、何の為にすることか未だわからない。

空臼伏せ　**カラウスフセ**　壱岐石田村では出棺時に軒場に空臼を持って来て伏せる。これを空臼伏せという。多分野帰りの際に、何等かの呪法がそこで為されるであろう。

残(散)米役　**ザンマイヤク**　陸中雫石地方では、棺が家の門を出る時と寺の門に着いた時に、持っている手籠の米を振撒き棺にざらんざらんとかける役を残米役という（葬号）。散米役と書く方が正しいのであろう。

跡札　**アトフダ**　青森県野辺地地方では、棺の駕籠が出てしまうと、土間には灰を撒き、モガリの室即ちそれまで駕籠を置いてあった室を掃き出して、すばやく跡札をその室の四方に貼る。

処によっては入口だけに跡堅札(あとかためふだ)として貼る習わしもある。掃くのは必ず二人、決して一人では掃かない（葬号）。

がわ掃かし　**ガワブカシ**　陸中雫石地方では、棺が玄関を出ると一人の男が藁でその跡を掃き、ガワと称する竹籠と仮の杵とを家の戸口で押潰してこわす。これは麻糸を撚(ねじ)って乾かす為の用具であり、もしこれがなければ木の曲物、それもなければコロシ（篩(ふるい)）の輪をぶっこわすのである。その役をした者は一人居残って饗応にあずかるという（葬号）。

笊転がし　**ザルコロガシ**　常陸多賀郡高岡村では、出棺直後棺を置いてあった所から土間まで笊をころがし、その跡を箒(ほうき)で掃く。仏が帰らぬようにする為だという。一名をメカイコロバシと謂う。新治郡でも近所の女性が塩を撒き、籠をころがし出して掃く風があり、下野佐野にも類例のあることが報告されている（郷、二ノ七五二頁）。

後火　**アトビ**　丹後舞鶴地方では棺が出ると家の門口で束ねた藁を燃し、死人が用いていた茶碗を抛って割る。また煙を出してくすぶる藁に盥(たらい)をかぶせる。これを後火とも送り火とも謂う。嫁送りにもこれをなし、いずれも二度と帰るなの意と謂っている（葬号）。

一束藁　**イッソクワラ**　播磨では出棺の時に一束藁を焚かぬと死人が帰って来るという（美嚢郡誌）。

切り火　**キリビ**　陸中九戸郡の山村では、葬式の出た後、直ちに炉の火を全部消して塩を撒き、新しい火をつくることを切り火という。遺族は葬後の幾日間は、当然穢れた火によって生活しなければならなかったのであろうが、かかる死火による生活の不便が一方に痛感されて来るに随い、切り火の時機も早まり、遂にこれが出棺直後の行事となったのであろう。

一四、野辺送り

葬列に加わる種々の役割や道具、亡者の食物、親族の喪装、冠り物、髪等に関する資料をここに集めておく。ただし棺舁(かつ)ぎは後の一章にまとめる。野辺送りの路々の作法なども、便宜上から墓葬礼のところに一括しておいた。

伊勢参り　イセマイリ　下総東葛飾郡馬橋村字幸谷では、葬式に伊勢参りというものが出る。オダテに物を包んで、柄杓(ひしゃく)を持っている。これが出るのを見て、出棺が直ぐだという事がわかるのだという（民、二ノ九五九頁）。

小荷駄　コニダ　上野多野郡では、出棺に先だって、小荷駄と称して、笠及び皆川包の中に米と豆とをカサ椀に四十九杯入れたものを持って、先発が出る（郡誌）。

槌引き　ツチヒキ　丹波の南桑田郡東西別院村では、同じ年に二人も死人が出ると、葬式に際して横槌を新たに造り、一般会葬者の前を引いて墓地まで行って埋める風がある（口丹波口碑集）。因みに奈良市では、これは正月十四日までのシメノウチに死人があった場合に限って、町内で行うもので、木槌七つに縄七筋をつけて町内を引いてまわり、各戸必ず手をかけて曳き、後に川に流す（なら、一五号）。葬列には関係がないのであろう。

槌松　ツチマツ　相州津久井郡青根村では、同じ年に一家に二つの葬いがあると、槌をかついで第二回目の葬儀に連なり、その槌を新仏同様に別の土饅頭に葬る。この槌をツチマツと名づけている。槌松と人に似た名称を特につけたのであろう。なおこの語はないがやや似た行事が、青森県下北半島田名部の例として真澄翁の紀行に出ている。「男の、橋の上より砧の槌を川に投入れたるは、家のうちにて一年に人二人身まかれは、必ず三人死ぬへうことのあるといふをと丶むるましなひなりとか」（奥の冬籠、寛政六年十月七日の条）。

藁打棒　ワラウチボウ　陸前玉造郡では一年中に二人の死者があると、三人つづくとて恐れ、三人目の代りに人形を墓に埋め、または二人目の棺中に藁打棒を入れる習慣がある（郡誌）。

先松明　サキダイマツ　近江滋賀郡坂本村では、葬列の先頭に先松明というのが立つ。その役は経帷子を着て頭を白細紐で鉢巻し、左肩に藁束で縛った薪を担ぎ、左足には桟俵よりも大きな草履をはき、右足には豆草履をはいている。この松明は焼かずにそのまま墓場に棄てて来る。

先き火　サキビ　近江高島郡西庄村ではこれを先き火とも謂い、麻木を束ね先を少しだけ燃しておき、肩にあたる部分に晒木綿の裂いたのを巻き、縄をつけて肩からかけて、葬式の先頭もしくは坊主の次ぎに行く。大切な役で、分家の葬式には本家の者、本家の葬式には必ず一番古く別れた分家の者がこれに当る。隣村海津村では出入の者の筆頭が、剣熊村では母の里方の者が持つ習いである（葬号）。

一の火　イチノヒ　大和宇智郡では、葬式先頭の炬火を一の火と謂う。

与力の提灯　ヨリキノチョウチン　大和添上郡月瀬村では、同族中最も深い関係にある一与力の主人が提灯を持って葬列の先頭に立ち、次に関係深い二与力の主人がやはり提灯を持って、喪服の人々の最後に行く。これを合せて与力の提灯と謂う。

火手　ホデ　土佐の長岡郡では、葬式の先頭には火手一つ、次は白高張一対である。藁で作った四五尺の松明だと謂う（葬号）。

ひ火手　ヒボテ　これを伊予喜多郡大川村ではヒボテと謂っている。藁に紙を巻いて二ヶ所を括ったもので、死者の身近な者が持つ（葬号）。おそらく火をつけずに先頭に行くのであろう。提灯が既に行われるようになれば、最早この用が無いのである。

野火手　ノボテ　伊予でも北宇和郡では、葬式の先頭に行く藁の蛇型をノボテと呼んでいる。それに火を点じてあるのは魔を払う為であるといわれ、親類中の最年長者が持って行く。穴へ棺を納めると、その周囲をぐるぐる廻す。

野灯籠　ノドウロウ　安芸山県郡中野村では、死人が出ると直ちに家の門口に野灯籠二本立てる。竹の枝葉を上方だけ残し、そこから行灯の如き形に作った物を吊す。火は点さないのである。これは家から焼場への葬列の先頭に立てて行く。

線香焚き　センコウタキ　線香焚き。長門大島で葬列の先頭に立つ役で、親族の老年者がこれに当る。草履、鍬、蓑、塩桶、味噌桶の雛形を作り、これらを竹皮笠の中に入れて行く（島、一ノ三号）。

どしょう持　ドショウモチ　長門大津郡一貫瀬では、葬列の先頭に藁束の松明が行き、その後に婦人が香を持って行くのをかく謂う（葬号）。

聟天蓋　ムコテンガイ　讃岐三豊郡五郷村では葬列の天蓋持ちは、普通死者の女婿であり、聟天蓋と謂う。

上げ物持　アゲモノモチ　佐渡の河原田町では上げ物持というのが葬列に加わる。寺へ上げる物の意である。亡者生前の着物一枚、下駄、傘一本、着物は柳行李に入れその上に傘下駄をのせて行列に加わる。亡者は上げ物の着物を着て善光寺へ行くものだと謂っている（葬号）。

た持　タモチ　上州の館林では、寺に納めるべき亡者の着物を捧持して、送葬の行列に加わる者をこう呼んでいる。

しき米　シキゴメ　壱岐では富者の葬式は米俵二俵或いは四俵の上に棺を据えて行く。この米をいう。そのまま祠堂米として寺に寄進する（続壱岐島方言集）。この習俗は近頃の発達であろうが、壱岐では米俵が富の表示とされる俗がある。

草履持　ゾウリモチ　周防大島には草履持の一役がある。普通は死者に近い小児がこれに当り、棺の前を行く。

飯持　メシモチ　土佐幡多郡三崎で、葬列の旗の次ぎ柩の前に飯持が行く。幼女の役で、白手拭にて顔をかくして行く。後を振向いてはならぬという（葬号）。

一杯飯　イッパイメシ　入棺後の死者に供える飯を一杯飯の名で呼ぶ所があり、筑前相ノ島の例を前に挙げておいた。青森県野辺地ではこれは葬列に捧げて行くものであり、一名ノメシと謂う。炉の一隅に三本の棒を立てて炊き、決して普段の炉の火処では炊かない（田舎、六号）。ここでは死亡直後に早団子を拵えるというから、一杯飯は葬送の日に炊くものであるのかも知れない。九戸の山間でもこの一杯飯は墓地に供えてくるものであるが、それを烏や犬が食ってくれないと、引きつづいて家に死人が出ると謂って非常に恐れる。

野飯　ノメシ　野飯の語は既に愛媛県と青森県との例を挙げておいたが、新潟県東蒲原にもこの語があり、やはり野に持って行く飯である。東川村ではデソウ（葬式）の際に、分家の葬いなら本家、本家の場合なら一の分家の主人が羽織袴で米をとぎ、ヘラと共に苞（つと）に入れて葬列に捧持し後で墓へ埋めるのである。人によると野飯そのものをイケダイ（一家代）といい、それを供える人をイケダイモチという。

供具　クグ　岡山県御津郡馬屋下村で、米の粉の団子を捧げて葬列に加わる役。妹などが持手になる。供具という字を宛てている（岡山県土俗及奇習）。

ユリ　肥前五島日ノ島などで、近親の女が、供え物を入れた曲物の桶を頭上にのせてゆく。この器をユリと謂っている（葬号）。

路次盆　ロジボン　山口県厚狭郡小野などでは、これを路次盆と称し、路次盆持は後を見てはならぬと謂う（防長史学、三ノ一号）。

路次持　ロジモチ　讃岐三豊郡五郷村では、葬列に枕飯を持って行く役をロンジモチと謂う。多分路次持であろう。因みにこの枕飯は豆炒かわらけ即ち焙烙（ほうろく）で玄米を炊き、四つに分けて握り、膳の四隅に置くものだという。前に述べた伊予の死弁当を参照されたい。

六人膳　ロクニンゼン　陸奥野辺地に於て、葬式の出る前に六人分の膳を支度するというのは（野辺地方言集）、やはり墓地まで捧げてゆくものと思われる。六という数は六地蔵と関係のあるものかも知れない。

葬式餅　ンジョヨモチ　薩摩の中甑島平良では、葬式のことをンジョヨという。葬式の際に小さな丸餅をやはり六個作って近親が持ってゆく。埋葬後集った子供達に分けてやる。

団子飯　ダンゴメシ　下野芳賀郡では葬列に、喪主の次に団子飯に水を供えた膳を持って行く役がある。米を磨がずに炊き、山盛りに盛って箸を二本突立てたものである（葬号）。多分主婦の役であろう。

野辺送り団子　ノベオクリダンゴ　阿蘇の宮地町では粳米をはたき固く作った野辺送り団子というのを、重箱に入れて蓋もせずに葬列に加わって墓へ持参し、埋葬後一同でその場で食い、残りは全部棄てて来る。野辺団子を食えば、死人がおすく無いという（葬号）。

杉団子　スギダンゴ　島根県邑智郡井原村では、葬列の順序は提灯、杉団子、シカ、香炉である。この杉団子を食べると夏病みせぬといい、また墓に供えたのを早く鳥が食うと死人が遠いという以外のことは、未だわからない（葬号）。長門角島では「杉の盛」といって杉の葉を心にして串団子をさしたものを供える習いがあり、長寿者の時はあやかる為にこれを貰って食うと謂う（同上）。

土産団子　ミヤゲダンゴ　播磨美嚢郡では、一尺に五寸位の板の四隅に穴をあけ、それに竹を割ったものを曲げて両端をその穴に挿し、その割竹に紙を貼りつけその下へ団子を入れて持参する。これは六地蔵に供えるので土産団子とも、また堂団子ともいう。その他竹の先に蕃椒をさして灯明に擬し、同じく六地蔵に供えることもある（郡誌）。

水持　**ミズモチ**　対馬では水持は女性の役ときまっている。恵比須子がなる場合が多い。阿連では死人の男女を問わず、その人の生前の良い着物を肩にかけて葬列に従い、葬後その着物を貰う。青海では鉄漿附子（かねつき）が水を持つが、もし何人もあれば最初になった者が持つ。台の上に四十九の団子と、米と水とをのせ、頭上に戴いて持って行く。

六役　**ロクヤク**　志摩の旧答志郡で六役と謂ったのは、葬送の際に色著（いろぎ）を着る者、即ち位牌持、柩かき、水桶持、飯盆持、土掛役の六つらしい（民事、一〇〇頁）。陸中鹿角郡でログヤグというのは、葬式に死者の近親の男六人が受持つ役で、白衣の上下を着て、額にはシハンを附ける（鹿角方言集）。常陸の稲敷郡では穴掘人のみをロクヤクと称している。

七役　**シチヤク**　陸中九戸郡で葬列の七役というのは、明火、茶水、煎餅山、六子ダンゴ、一杯飯、灯、香炉をそれぞれ持つ役のことである（郡誌）。

紙冠（はん）　**シハン**　死者ないし葬儀に列する特定の人々が頭部に紙或いは布を附する風は弘い。例えば伊豆三宅島では、一般の参列者は普通の着流しで袴もつけておらぬが、親類の人は白い布をきちんと折って鉢巻をする（島、二ノ一九一頁）。土佐の長岡郡では、死者の家族は皆頭に白紙片を結んで忌服者の標としたが、散髪となってからは男女ともこれを廃したという（葬号）。越後東蒲原郡東川村などでは、カンムリと謂って会葬者は四角の布を二枚に折って三角にしたものを、前額につける。以前は紙を使ったという。そして子や孫は赤色、兄弟は黄色、一般会葬者は白色として区別する風もある。秋田県鹿角郡では三角形にたたんだ白紙をハイド即ち縒（より）をかけぬ苧（お）で額につけるが、それは死者とロクヤクの者とに限られ、シハンともシハンコとも呼んでいる（鹿角方言集）。シハンは紙冠の訛りではないかと考えられる。八戸市附近で「四半」と呼ばれるのは、血縁の者が羽織袴の上につける白布製のもので、それぞれ羽織袴と謂い、また女は手拭の代りのように冠るのだという（葬号）。

四方　シホウ　三河額田郡では、会葬者は四方と呼ぶ木綿の切れに麻紐を着けたものを冠して野辺送りをなし、葬場でこれを脱いで帰るという（郡誌）。

ゴマシオ　群馬県多野郡ではこの三角形の布切れをかく謂っておる。ただし死者、喪主及び縁者が冠るものとされている（郡誌）。群馬郡誌はこれを宝冠と称しているが、恐らく後の名であろう。

紙烏帽子　カミエボシ　長門豊浦郡の吉見辺りでは、棺を担（かつ）ぐ者が三角形の紙烏帽子というのを冠る。ここでは近親があたる役らしい（葬号）。

身隠し　ミカクシ　加賀の能美郡などでは、やはり紙や布で作る三角形のもので、これを身隠しと呼んでいる。

髪隠し　カミカクシ　信州下伊那郡神原村などでは、この紙の額あてを髪隠しと謂う。

額隠し　ヒタイカクシ　佐渡の河原田町在では、この三角形の額隠しをあてるのは喪主と近親者である。なかにはこの紙を襟に挟む者もある（葬号）。

額紙　ヒタイガミ　陸中雫石地方では葬列の中、四花から先綱までが肩衣という白衣を肩にかけ、額紙というのを頭につけるが、棺をかつぐ者もつけると謂う(葬号)。

マンジノヌノ　飛驒の益田郡では、棺を担う近親が上下に草履ばき、額には三角形のマンジノヌノというものを巻く(葬号)。

トンボ　加賀能美郡の金野村の葬式では、野送りの時に嗣子はトンボと称する冠物を被り、帰りは麻上下に改むということが同郡誌に報告されている。笠のはしを切らぬものであろうか、鉋屑の如きものを巻くというが判然しない。

忌中笠　**キチュウガサ**　土佐の長岡郡では、葬列の忌がかりの男子は忌中笠とて藺の編笠を被り、女子は木綿片で顔を包む(葬号。土佐風俗と伝説)。

ウレイギモノ　周防向島で喪服のこと。

三斗袋　**サンドブクロ**　加賀能美郡白峰村では、葬送の喪主及び親族の男子は、白衣に上下をつけて麻布の素袍の如きものを着るが、それを三斗袋と謂っている(郡誌)。

紋隠し　**モンカクシ**　陸奥の野辺地地方では、葬列に参する人々には白布を襟首につけさせる。これを普通にシロ、または紋隠しとも謂う(葬号)。

サイグルマ　八重山列島で、喪主即ち位牌を持つ長男のみが、白衣の上にこれをつけた。袖無しの白い衣である。今日はもう区々になっている(葬号)。

白供　**シロドモ**　岡山県御津郡馬屋下村では、婦人の会葬者を白供と称し、死者と血の近い者が棺に近く立つ。それにはモトと称して男が一人加わる。世話方だと謂う(岡山県土俗及奇習)。恐らく白を着る女のみが供をしたのであろう。

白ぎん　シロギン　肥前島原では、葬儀に列する女はことごとく白ぎんと謂って白衣をまとい、近親の女は帯を前で結び、綿帽子で顔を覆い包んで行く（葬号）。

色（白）　イロ　喪主ないしは近親の喪服をイロと称する所は広い。例えば信州諏訪では色を着ると称して、男は紋服の上に白木綿の袖無し羽織の如きものを左り前に着て、その上に帯をしめ金剛杖をさし、女は白のかつぎを頭から被り背に垂らしたが、近頃は略せられて男は白布を肩にかけ、女は頭に巻くかまたは手拭を被る（葬号）。宇治山田市でも古くからイロと称し、略して木綿或いは白布一巾長さ四尺許（ばか）りを、長く四つ折にして襟にかける風であった（市史下巻）。広島市附近では、死人に着せる晒（さらし）木綿の白衣をもイロと呼んでいる（葬号）。イロは土地によって喪主のみ着するものとなっている所があり、また信州上伊那地方の如く取上親の葬儀にも、親兄弟の時同様にイロを着るべきものとなっている所もあり（蕗原、五号）、また佐渡等のように目下の者の葬式に色を着るものでないと習慣の定まっている地方もある（佐渡聞書帳）。注目すべきはイロの語が婚儀と葬儀の両方に用いられている事である。凶事を吉事と謂う場合のある如く、イロは恐らく白の隠語であろう。

色着　イロギ　駿河安倍郡では、女子の喪服は白衣白帯を普通とし、白き薄絹の左の袖を頭に被り顔を蔽う。これを色着と謂った。因みに男は以前、白木綿一反をそのまま着衣の上より肩に懸け後に垂らし、前にまわして腰通り下げ、喪服に代用したことがあったと謂う（郡誌）。

色物　イロモノ　出雲簸川郡で色物と称する白衣は、死者のみのものらしい（葬号）。

色色　イロイロ　備後の沼隈郡では旧藩時代に、駕籠持は家付の家来や出入の者であったが、頭には自宝冠というのを結い付け、白布の襦袢のようなものを着た。それをイロイロと呼んでいた（浦崎村風俗答書）。略式の喪服である。

色上下　イロカミシモ　越後の頸城地方では、尊長の葬送に男はエロ上下、女はエロカツギを着る。共に麻で作る。卑親の時は並の上下、カツギである。七日詣が済むと、これを寺へ納めるのが正則で、エロ代とて代金で上納するものもある（郡誌稿）。

挟色　ハサミイロ　佐渡河原田町では、亡者または喪家に対して血を引く者や近親者は色着を着るが、出入や義理合いの者は半色、或いは挟色と称して、白ではなく黒布の鉢巻をする（葬号）。

色（いの）**冠り**　イノカブリ　能登の鳳至郡、葬列には御歯黒子、烏帽子子の妻、実の娘、弟の妻、妹、主人の妻、死者の乳母等は、白い薄い被衣をかぶる。これをイノカブリと謂うのは（郡誌）、多分色冠りの訛であろう。

冠り帷子　カブリカタビラ　伊豆の新島では、近親の女達は冠り帷子という被衣で身を覆い、他の女性達はヒッシュと謂う赤鉢巻をして、葬儀に列る（つらな）（海島民俗誌）。

つむり掛け　ツムリカケ　越前坂井郡で、葬式に女性の着る被衣のこと（郡誌）。

被衣人　カツギニン　壱岐では血族の婦人は被衣をつける。その人々を被衣人という。また綿帽子冠りとも謂う（続壱岐島方言集）。

袖被り　ソデカブリ　武蔵岩槻在の村国村では、葬送の婦人は白衣の袖から顔を出して行く。これを袖被りと謂い、略式は綿帽子をかぶる（郷、二ノ七五二頁）。

色着髪　イロギガミ　服喪の女性は一定の髷に結わなければならなかった。佐渡河原田町ではこれを色着髪と謂う。潰し島田のような髷で前が二つに分けてあり、元結は黒、油類を用いずに一切水洗で結いあげ、忌中の間はこれを結う習いであった（葬号）。

憂髷　ウレイマゲ　長門豊浦郡では、葬式及び忌中における女の髪を忌中髷と謂う。同豊田中村浮石では憂髷と謂って銀杏返しに似たものである（葬号）。男鹿半島では忌中髪というらしい。

忌中島田　キチュウシマダ　出雲簸川平野では、葬儀参列の婦人はいずれも忌中島田と称する、形の小さい白紙を掛けた髷に結い、白い小布を前額に当てる。死者の娘や姉妹は被衣で顔を覆い、死者が男なら左袖、女なら右袖をかぶる習いである（葬号）。

忌島田　イミシマダ　愛知県起町地方で、白衣を着る血縁の女の結う髪を忌島田と称している（葬号）。

空島田　カラシマダ　信州諏訪地方では、死者の血統で死者より年少の者が供に立つ。その女性達は空島田と謂う精進髷を結い、白無垢紋付。原村では丸帯を前にて立て結びにする（葬号）。常陸新治郡でも死者の子にあたる女は空島田を結う（民学、三ノ六号）。

死去髻　シキョタブサ　飛州北部の葬儀に列する婦人は、死去髻とて、潰し島田の低く小さく、前を二つに割ったものを結う（北飛騨の方言）。

精進髷　ショウジンマゲ　筑前大島でゼンノ綱を曳く女は紋付綿帽子に精進髷を結う。昔は全部だったらしいが、今は近親者のみ。元結は白紙、大概初七日まで結っている（葬号）。

不幸髷　フコウマゲ　島根県邑智郡井原村では不幸髷と称し、島田の後ろのしょげたもので、前が割ってある。その上に袋帽子をかぶるが、鉄漿（かね）娘が腰元として、脱ぎ被りの世話をする（葬号）。

泣き島田　ナキシマダ　讃岐高松地方の婦人は、白装束に泣き島田またはソウレン島田と称する一種の潰し島田髷に結う。その上から被衣もしくは舟帽子をかぶる（葬号）。

押髷　オシマゲ　上総夷隅郡では、少女は平常島田にやや似た押髷と謂うのを結っているが、葬式の時は一般婦人もこれを結う（人、一ノ六号）。木曾ではこれをシタタ結と謂っている。

草束ね　クサタバネ　信州の南佐久郡では、白衣の女達は髪をオバコに、年のやや若き者は草束ねに結う。その形は島田に似ているので、近頃は飾りぬきの純然たる島田に結う者が多い（郡誌）。

取上髷　トリアゲマゲ　筑前相ノ島では、葬儀参列の婦人は取上髷に結っており、これらの女性は物を言うことが出来ぬ。帯のところまで垂れる綿帽子を被る（桜田氏）。この名称は垂髪の反対を意味するものであろう。筑前嘉穂郡誌にも取上髪の名称を記している。

ヒガシ　宮崎県で葬式の時の髪の結い方。

タマシイ　薩摩甑島中甑では精進髷をかく呼び、昔は四十九日間これを結っていた（桜田氏）。

死人草鞋　シビトワラジ　陸前志田郡敷地村では、葬式の時にはく草鞋を死人草鞋という。帰途は路傍に捨てる。これを履いて山へ行けば、踏抜きをせぬという。

泣女　ナキメ　凶礼に際して肉親の女性が、情愛の自然的なる流露としてというよりは、むしろ一つの儀礼形式として哀泣することが必要であったらしい。それが島や海辺の村、ことに南方に多く残っていることは注意さるべきであろう。この習俗を背景として、そこに半職業的な泣女の発生する理由もあった。そして彼女等の居る地方には、一升泣三升泣等の名称が不思議なほど一致してある。越前丹生郡越迺村では葬列に哭女をつける。与える米の量によって一升泣、二升泣の別がある。南条郡河野村にもあったという（民歴、二ノ二号）。ナキメという名称があったかは、今一度確めてみたい。

泣き手　ナキテ　陸中鹿角郡尾去沢村元山では泣き手を傭う。棺前にて死者生前の善行をたたえ、遺族の悲嘆を述べて泣きくどく。葬列にも大声で泣き、埋葬の際は墓穴を掩わんばかりにして哭きくどくという（鹿角方言集）。女ではなかったのであろうか。

泣婆　ナキババ　この名称を以て呼んでいる所が多い。能登珠洲郡の宝立村には泣婆というのが昔はおって、やはり三升泣、五升泣の称もあったと謂う（郡誌）。丹後の与謝郡では御家中の葬礼には一切女子を会せしめず、ただ飯持と泣婆とを傭って葬送したと述べてある（郡誌下巻）。淡路の沼島浦にも昔は泣婆があって、青竹を持って葬列に加わった（淡路風俗答集）。日向の延岡の在方にもこれが居て、傭われて葬列に加わったという（郷、三ノ一二号）。

泣き婆さん　ナキバアサン　美作久米郡大井西村坪井などでは、産婆が副業にこれをつとめた。死人の世話をし、また出棺時に、戸口で手拭を頭から被って泣いた（岡山文化資料、一ノ六号）。

弔婆　トムライババ　能登の七尾ではこれを弔婆と云う。ただし葬式前夜に死者の枕頭で泣くものらしく、二升泣、三升泣等の語もあり、幾分賤視される身分の者であったという。泣き方に型があって、例えば一升泣の言葉は「したいしたいと言うたが、さすりゃよかった繻子の帯を」というようなものであった（民歴、二ノ六号）。

泣女　ナキオンナ　能登輪島の海士部落では泣女と謂ったらしい。五合泣、一升泣の別があった。今はもうこの職業の女はいないが、会葬の女性達が叫喚号泣する風はある（鳳至郡誌）。壱岐の小崎の海士部落でも泣女というが、これほど職業化していないらしい。親戚や近隣の者などがその墓に倚りかかって泣く。「檀那様これからは誰を檀那と云えばよいか」というような意味のことを繰返して泣くのである（壱岐島民俗誌）。伊豆の新島でも、名称は何というかわからないが、親しき友や、親兄弟の為に泣く風があり、泣きながら言う言葉は定まっている。若い女には「アマアネヤーイ、カアイヤナー」、翁には「インジイハ、ゴショジャナー」等（人、一七二号）。五島福江の村方でも、近親の婦女等は葬儀の列中で何かとかきくどき、激しく慟哭しながら行く。同奈留島でも以前は泣人を雇ったこともあり、その多いことを誇りとし、葬儀に列する者はあらん限りの大声で哀泣したという（五島民俗図誌）。薩摩の中甑島でも、名称はないらしいが、葬列に於て死者と最も深い血縁の女性、例えば母ならその娘が、大声で泣いて行かぬと他人から笑い物になる。生前の思い出を語りながら泣くのである。両側に友達がついていて、その肩に両手でもたれながら泣くのだという。

門の人　カドノヒト　八重山列島では、死者の床をととのえた後に、カドヌ人という哭女が、庭前で大声を張りあげて三回泣き出す。すると家族も親戚も大声で慟哭した。これを俗にナキチキと称した。葬式に墓に持参する「死水」及び帰宅時に家族が門口で手足の不浄を清める「生水」を汲むのも、このカドヌ人である（葬号）。多分門の人であり、泣き継ぎであろう。

家ならし　イエナラシ　与那国島では、例えば母が死んだ場合はその長女が、入棺前に天を仰いで合掌しながら、アハリドー、アブタ（噫惜しいこと、母上さま）と、拍手しながら叫ぶ風習が今日もあるという。これを家ナラシと称し、それから香奠の穀類の品とその贈主の名とを一々死人に告げる（葬号）。

ゼンノ綱　ゼンノツナ　棺の前方に白布を伸し、近親縁者の女性や子供が引いて先導し、これをゼンノ綱と呼ぶ地方が多い。例えば紀州那賀郡では、死人に縁のつながる婦人が白無垢姿で、これを曳いて門まで出る（郡誌）。綱につく順序は忌を受ける度合に従うのが普通で、肥前島原などは死者に遠い者ほど先を持つ。讃岐の三豊郡では臨終の介抱をミイレと謂い、それは多く長男の嫁であるが、ミイレした人がこの綱の先頭に立つ習いである。岡山市外の今村地方では二本を普通とし、男が一人加わってこれを曳き、後に一本は寺へ一本は隠坊にやる（葬号）。この綱は丹後などでは親類から香料に添えて贈るものである（与謝郡誌下巻）。多くの地方でこれはもっぱら葬送の時の綱の名称となっているが、肥前西彼杵郡では地搗きの石棒につけたる綱を善の綱と謂っており（俚謡集上巻、七五頁）、若狭大飯郡では毎二十五年の薬師、二十三年の観音の開帖には、参道にこの綱を張るという（郡誌）。

ゼンノ綱曳き　ゼンノツナヒキ　対馬の阿連では位牌を子が持ち、水を姪または恵比須子が持ち、その他の姪甥孫などはゼンノ綱曳きになる。晒木綿一丈位をムカエワタシの棒の前後につなぐのだという。青海では鉄漿附親の死には、子の方から贈る白木綿一反でこれをつくる。

縁の綱　エンノツナ　関東以北では広くこれを縁の綱と呼んでいる。陸中の九戸郡などでは、これは棺の後方に引き、近親の婦人等が持って送る風である（郡誌）。

惜しみ綱　オシミヅナ　五島でも棺に白布を一二反つけて、婦女がつかまり泣きつつ葬送する風で、これを惜しみ綱とも、布引きとも呼び、この綱は死者生前の手織を主体とする（方、五ノ一二号）。

しぎ綱　シギヅナ　五島の日ノ島では、この綱をシギ綱と謂う（葬号）。この辺では引くをしぐとは謂わない筈である。

名残りの綱　ナゴリノツナ　土佐の幡多郡ではこの葬送の綱を、名残りの綱と謂う。老人の場合は前方に曳き、若い人の場合は名残りが深いとて後方へ曳くということだ（葬号）。

タチミ　大隅の高山で、会葬すること。昼間でも提灯をとぼして送ると謂う（野村伝四氏）。なお場所はどこであったか忘れたが、葬儀の持物などの役が無く、ただ棺の後からついてゆく会葬者をニワマイリと呼んでいる所があった。

葬礼付合い　ソウレンヅキアイ　播州高田郡小河で、常の日は親戚として交際せず、葬礼にのみ参る程度の親戚をいう。

クガイ　佐渡で親戚ならぬ会葬者をいう。ジンギクガイとも謂っている（佐渡方言集）。近江栗太郡のギリクガイ、紀伊西牟婁郡のギリコウガイもこれらしい。クガイはもっと広く交際関係を意味する語であったが、葬儀の際にのみ残留している所も多いのである。

シニクガイ　陸中九戸の山間では、クガイ関係のうち凶礼の場合のものをこう呼んでいる。

諷経　フギン　この語は葬儀に関して広く使われているが、意味は必ずしも一致していない。第一は葬儀に列するところの檀那寺住職に非（あら）ざる僧を意味し、第二は親族に非ざる会葬者を意味するものが多い。多分は寺語から出た言葉であろう。阿波では会葬弔問をフギン、その人をフギンニンと謂い（阿波の言葉等）、遠江小笠郡でも会葬者を諷経人と称し（郡誌）、三河の額田郡等では、葬儀に会葬せざる遠縁の者などが、当日夕方に悔みに来ることをフギンと謂っている（郡誌）。近江高島郡などもほぼ同様であり、佐渡で諷経銭というのは、講中の醵出する読経料のことである（佐渡聞書当座帳）。能登鹿島郡では葬儀の際には、嫁聟養子など他家から迎えられている者は、必ず実家方の檀那寺の住職を招待して参列せしめるが、これをフゲンと謂っている（葬号）。播磨の飾磨郡でも死者近親の者は、フギンと謂って御寺方を招待して会葬するのであって、そのお寺の会葬者の多いのを以て良い葬式として誇る風がある（飾磨郡風俗調査）。讃岐高松でフギ（賻儀かといえり）というのも、親族よりそれぞれの檀那寺の和尚を参列せしむることである（讃州高松叢誌）。安芸の倉橋島でフギンは、葬式に導師に附随して読経する僧のことであり（同島方言）、紀州田辺でフギは導師の左右に並ぶ僧といい（葬号）、阿蘇では住職に随伴の後立ちの僧達をフギン坊主といい（葬号）、石見那賀郡雲城村などでは、やはり特に他家より遣わされたる僧侶を賻儀坊主と謂っている。

野辺見舞い　ノベミマイ　安芸の大崎上島で、葬送に参ること。

野送り　ノゴリ　青森県野辺地で、野送りのことをノゴリと謂い、葬式に加わることをノゴリスルと謂っている（野辺地方言集）。

門送り　カドオクリ　千葉県印旛郡遠山村などでは、不幸のあった家には入らずに、自分の家の門から葬列に加わって送ることを門送りという（旅、九ノ四号）。

野礼　ノレイ　播磨美嚢郡では、墓地の入口で喪主が親戚総代と共に、会葬者に挨拶することを野礼と謂っている（郡誌）。

礼受　レイウケ　讃岐三豊郡五郷村では、喪家の身うちの者が二人、土上に薦（こも）を敷いて会葬者に礼をすることを礼受と謂う。

門礼　カドレイ　岡山県御津郡馬屋下村では、門礼とてもとは門に蓆（ござ）を敷いて死者の弟や妹婿が下座して会葬者に礼をする習いであったが、今は帰路を待って挨拶する程度だという（岡山県土俗及奇習）。立ったままでするようになったのであろう。

下座　ゲザ　岡山県邑久郡でも、葬儀の墓地からの帰途に、路傍に薦を敷きて下座して会葬者に礼を述べることをかく謂う（邑久郡方言）。多分喪に在る人々なる故、常人の生活形態と異なる様式を示す為であろう。

ヘイコウツキ　筑前大島では、こういう名前の役が父方母方から一人ずつ代表して出て、焼香場の近くに筵（むしろ）を敷き、下座して行列の通過するまで頭を下げている（葬号）。

野帳　ノチョウ　会津若松では、会葬者の名を記する帳面を野帳と称し、二部作る（若松市郷土誌）。

到来帳　トウライチョウ　対馬の久根部落で香奠などを記する帳面。その書き役は必ず親方ときまっている。

一五、棺舁ぎ

棺舁ぎのことは、既に少しずつ触れてきた。この役に就く者は、近親者、講仲間、雇われ人の三種に大別することが出来よう。今日の村の葬儀では、講や組の者がこれに当る場合がかなり多かろう。しかし近親者もしくはこれに準ずる者でなければならないとする気持も、まだまだ濃厚であり、そして町に近い地域等では、既に職業としている者を利用するようになって来ている。

サッサ　岡山市附近で、葬式人夫のこと（岡山方言）。多分隠語であって、婚姻の行列などに比べると足が早いから出来た名称ではあるまいか。

六道の人　ロクドウノヒト　常陸新治郡大津村で、棺担ぎ当番になる四人を六道の人と謂う。葬式支度の買い物に行くのも彼等である（民学、三ノ六号）。出棺前に死家の湯に入り、跣足に草鞋をはく。なお棺に巻いた晒布は四分して彼等四人に分けるが、ちょうど六尺位ずつになるので、それを葬式褌という。印旛沼地方で、ロクドウは穴掘りのことをいうそうだが、二役同じ人々が負担したものかも知れない。

迎え渡し　ムカエワタシ　対馬の阿連で棺をかつぐことを迎え渡しという。足半（あしなか）を履く。恵比須子の勤める役となっているが、もしその家内が妊娠中ならばミヅカエ（身支え？）と云って避ける。ここでもやはり一年に二度勤めることはない。これもツカエと謂い、青海では二役はせぬという。これはしかし迎え渡しだけには限らぬ。青海でこの担（かつ）げ番になるのは元服子であって、士族なら四人、平民なら二人を要する。その足半は一人片方ずつ、即ち八人或いは四人で作らねばならぬと謂っている。

孫の輿　マゴノコシ　播磨加西郡下里村では、棺を担ぐのはなるべく血縁の濃い者であるが、成人した孫が四人もあると彼等が当る。祖父母はこの孫の輿を最も喜ぶ気持があり、他人も「もう孫の輿に乗れますなあ」等と戯談口（じょうだんぐち）に言う由（旅、九ノ三号）。

持方　モチカタ　讃岐三豊郡で棺担ぎ役のこと。孫や甥があたる。

添方　ソエカタ　北飛騨で棺担ぎ役を謂う。近親または親友等がつとめる（北飛騨の方言）。

添役　ソイヤク　信州北安曇郡松川村等では、棺を運ぶ者を添役と謂う（郡郷土誌稿、三ノ二〇四頁）。

本役　ホンヤク　信州下伊那で棺担ぎ役を謂う。

カルメ　紀州田辺町附近では、棺を担ぐ者を棺カルメと称し、死者の二三男等がこれに当る。ただし実際は人夫を雇い、当人達は附添うに過ぎぬという（葬号）。この語は那賀日高東牟婁の諸郡にもある。カルはもちろん背負うことであるが、メの意味は不明である。

手助かり　テダスカリ　肥後阿蘇郡。棺は近親者が担うて家を出で、村端（はず）れから先は特別に傭った人夫がかつぐ。この人夫を棺カキ、またはテダスカリと謂う（葬号）。

前担ぎ　**マエカツギ**　信州諏訪で、棺舁ぎではないが、棺の直ぐ前方を行く者を前担ぎ、または前持教養と謂い、二男とか孫とかが金剛杖を持ってこの役に立つ。因みに棺の直ぐ後は長男たる喪主で、後持教養とも、「後をしょう」とも謂い、輿から長く垂れた晒布をゼンノ綱と称し、喪主が後方からそれを持って行く習いである（葬号）。

後舁き　**アトカキ**　志州和具では、棺の中の死人は後向きだから、アトカキは最も死人に近い者であるといい、祖父母なら孫が介添に連れられて立つ（風、一八八号）。

端持　**ハシモチ**　伊豆の新島では、寺で読経終ると若者達が棺の端を持って、寺内の埋葬地へ運ぶ。その人々を端持という（人、一七二号）。

もり人　**モリニン**　大隅肝属郡百引村で棺かつぎのこと。ただし祭の神輿舁ぎをもこの名で呼んでいる。なお十島の宝島では、棺を担ぐ白木の棒をモリと謂っている（葬号）。

朸　**オウギ**　喜界島では、棺をオウギ或いはオークと称する木にしっかり結びつけ、上に霊屋を覆う（葬号）。朸（おうご）のことである。

四木　**シギ**　青森県野辺地では、棺を載せる台二つをしぎと称し、葬列に加わってゆく（葬号）。近江高島郡でも棺の輿を載せて安置する為の台を四木といい、寺方の備品になっている村もあるという（葬号）。

御坊草履　**オンボゾウリ**　大隅肝属郡百引村では、棺を担ぐ人のはく草履を御坊ジョリと謂う。すぐり藁を打たずに男結びに仕立てる。

一六、野普請役

墓穴掘りに関した資料を、以後墓地のことを述べるついでに、ここに集めておく。この役も棺昇ぎと同じく現在は、講や組仲間の仕事としている村が最も多いようである。特別の職業の人にこれを委ねる風は、次第に各地に見られるが、一方また明治と共にそれの絶えた地方もあったのである。元来はやはり、忌のかかる近親者の責務の一つであったことはもちろんであり、山ぎめ、地買い等の習俗は、その遺風と見られる。ヤマシの御馳走、穴掘り酒等と呼ばれるものの生じた理由も、またこの仕事が近親以外に移ったところにある。

野拵エ　ノゴシラエ　紀州南部、阿波の山間でも、墓穴掘りを野拵えと称し、その役を野拵え人と謂っておる。

野普請　ノブシン　石見那賀郡の都川村等ではこれを野普請と謂う。直ぐ背中合せの安芸山県郡の山地でも、同行と呼ばれる隣保組合から野普請役が二人出て、棺をかつぎ、そこは火葬だから焼く仕事にあたる。

忌や役　**イヤヤク**　信州上伊那郡で、穴掘り当番のこと。人の忌む役の意であろう。

隠亡役　**オンボウヤク**　信州諏訪郡本郷村で穴掘人のこと。

イタコウ　信州上伊那郡で、墓の穴掘りのこと。

キュウスケ　静岡県磐田郡で穴を掘り、かつ埋める人のこと。またムジョウドとも謂っている（内田武志氏）。

床番　**トコバン**　関東の所々でこれを床番と呼んでいる。北多摩郡保谷村では、丁場の者が四人ずつ床番に当り、これは身内の不幸より重いといわれ、その家は正月松を立てぬと謂う（武蔵保谷村郷土資料）。下野安蘇郡野上村では、床番は、講内を二つに分けて、互いに他の区の為にこの役を務めるのだという。なお芳賀郡逆川村では棺舁ぎのことをトコトリと呼んでいるが、保谷村ではやはり床番の仕事の意味である。

土取り　**ドトリ**　筑前新宮湊では、墓掘りを土取りという（葬号）。

トウマ　土佐の高知で穴掘役のこと。出棺の際には、彼等が大声にて「山行々々」と呼んで会葬者を集めるという（風、四〇号）。

坪打ち　**ツボウチ**　野普請の語の使われている石見那賀郡の西方美濃郡鹿足郡等では、これをツボウチと称し、東方邑智郡では弘くツボホリと呼んでいる。なおツボ掘りの語は、肥前西彼杵崎戸島でも使われている。

はだ掘り　**ハダホリ**　隠岐の五箇村で穴掘りのこと。

穴掘り　**アザホリ**　隠岐中村で墓穴を掘ること。ヤマゴシレェとも謂う。アザは壙穴（旅、八ノ九号）。

窪ん掘り　クボンホリ　肥前五島で、墓掘りの意。窪み掘りである。肥前藤津郡久間村で穴掘人をクボメという。佐賀ではクボミとも謂うが、またイケホリ、或いはヤマイキノ人と謂い、四十九日はもとより次の年忌にも招かれる。二度すると三度せねばならぬとて大抵は一度だけする。また若い者のクボミは若い者がせず、年寄りがすると謂う（民歴、五ノ六号）。

かま掘り　カマホリ　埋葬の穴掘人を駿河の安倍郡でこう呼ぶ。カマは岩窟にも謂い、穴のことである（内田武志氏）。

穴番（めど）　メドバン　相州津久井郡で穴掘りのこと。メドは穴。他組合の者四人がこれに当り、棺をかつぐのも彼等である。穴掘り作業中に、酒と握飯とを持って行ってやる習いである（葬号）。

蔵掘り　クラホリ　常陸の浮島で、墓穴を掘りまた棺をになって行く役。部落から五人選ばれ、野良着の一番汚いのを着た上に藁縄の帯という姿でこの仕事をする。帰れば酒肴を出して特別に御馳走をする。また通例一人毎に晒木綿一反を、御苦労料として与えると謂う。なお香奠帳の裏には帳場責任者の名と並べて、蔵掘り五人の名が記される（葬号）。

穴掘り（いけ）　イケホリ　九州で広く墓穴掘りを謂う。阿蘇では三人か四人、穴の深さを名聞とし、酒肴に黄粉（きなこ）握飯の饗応を受ける。筑後八女郡では丸い握飯を持参するが、これは凶事以外に作らぬものである。大隅百引村、薩摩甑島、遠く喜界島もイケホリと謂う。薩摩の伊唐島は常食は麦と芋であるが、イケホリの時は必ず米の飯を食べてゆく。永良部の島でもイーキといえば死人を埋むる穴のこと、紀州日高郡でも土葬の穴がイケ。北陸地方は普通に井戸をイケといい、越後赤倉等で冬中食料をかこう穴をカライケという。イケは恐らく広く穴の意味で、国の南方に於てそれが壙穴の義に限定されたままでであろう。

山師　ヤマシ　墓地を山と呼ぶのは、おそらくこれを野と呼ぶ以上に古い名であろう。そして今でも埋葬に関して山仕事、山拵え等の語を使う所は決して少くない。大和東北部の山間で墓穴掘りのことをヤマシと謂う。添上郡月瀬村ではヨリキウチとよばれる同族団体のうちで、比較的に縁の遠いものがこれにあたる。後でヤマシサンの御馳走と称する特別の饗応にあずかる。ここでも一年二度勤める事はやはり避けている。

山決め　ヤマギメ　壱岐の石田村で、あらかじめ喪主が一文銭と米とを持って墓地に行き、それらを置いて一鍬打つことを、山ぎめとも、バショギメとも謂う。その跡を村の人が掘る。同地では墓掘りのことをヤマユキと謂い、その役の穴掘人のことをヤマンヒトと謂う。

地買　ヂガイ　播磨の美嚢郡で、穴掘りをなす前に、親戚の者が一人竹で棺の寸法をとり、銭一文を添えて墓場に行き、穴を掘るべき場所を定める。これを地買と謂う（郡誌）。

地割り　ヂワリ　対馬の阿連部落で墓地の選定をする役を地割りと謂う。家に親しい年寄りで、火のかからぬ人が二人でする。これは後に記する足洗酒を飲まず、シアゲの時に火のかかった者と一緒に御馳走になる。

憂結び　ウレイムスビ　長門阿武郡大島では、葬式の墓掘りの際の握飯のみは丸く結び、憂結びと呼んでいる（葬号）。即ち喪にある者の握飯の義で、元来は墓掘りの者の食物には限らなかったのである。

やく飯 **ヤクママ**　墓掘りに持って行く丸い握飯を、肥前江ノ島では、やくままと謂う。

掘り膳 **ホリゼン**　阿蘇宮地町で、イケホリに出かけた両人に対し、後に掘り膳とて特別の膳部が出る（葬号）。

穴掘酒 **アナホリザケ**　三河山間部で、組内の者が二人ずつ穴掘りに当り、膳部は来賓親戚衆と共に第一番につき、また穴掘酒をあてがわれる風がある。ただしこれは番太が穴掘りをしなくなった後に起った習いだという（設楽、九年一月号）。

道具洗い **ドウグアライ**　讃岐三豊郡の五郷村では、墓掘りに出す一升酒を道具洗いと謂う。死亡講の人がこの役にあたる。

えった肩 **エッタガタ**　岡山県邑久郡では、墓穴掘りの弁当は、笊またはフゴに入れ、エッタ肩でさしおうてゆく習いである。朸をかつぐ肩の前後くいちがうことである（岡山民俗資料、二ノ二号）。

笹箒 **ササホウキ**　八戸市附近では、小正月の戸窓ふさぎにも笹と松とを束ねて戸口のある所にそれぞれ挿すが、葬式にも穴掘りの戻りに産土神のある方から笹を折って来て、門口の上の簷にさしておき、これをも笹箒と謂う（葬号）。

カラヲカル　薩摩中甑島では、墓穴を埋葬の前日に掘ったら、その夜は穴の所で見張りをしていなければならない。それはカラヲカルと謂って魔物がその穴のうちに入ることを、恐れる為だという。

一七、墓　葬　礼

葬儀は普通喪家における式と、埋葬地における式、及びその途中における式とに分って考えることが出来る。ここにはその墓地の諸式を中心とし、出立ち以後の道中からはじめて、埋葬を終るまでの資料を集めておく。

墓葬礼　ハカゾウレ　肥後の阿蘇地方で、葬式は座敷で行わるる場合をウチゾウレともザシキゾウレともいい、庭で行わるるのをソトゾウレといい、墓場で行わるるのをハカゾウレと謂う。内葬礼または外葬礼を終えてから、墓場へ行って重ねて墓葬礼を行うのである。後者を一名穴拝ミとも謂う（葬号）。

穴仕舞　アナジマイ　讃岐の三豊郡では、埋葬を穴仕舞と謂う。

路次念仏　ロジネンブツ　福岡市附近では、真宗の葬式は自宅仏壇前で枕経を誦し終ってから出棺し、路念仏、通称路次（じ）念仏を唱えつつ斎場に赴く（葬号）。

道灯籠　ミチドウロウ　肥後玉名郡南関町では葬列が墓地に近づくと、先発の講中の者が、道灯籠と謂って女竹の先に小さい板をつけ、それに裸蠟燭を点じたのを、道角や分れ路の両側に立てる。これが立っていないと棺は進むことが出来ないのである。そして墓地では葬いの行列が見えて来ると盛んに火を焚く（葬号）。

道切縄　ミチキリナワ　大和の高市郡等では、葬列の通る路の辻々に、道切縄といって藁の短かい縄を置く風がある。死者が路を間違えて他所へ行かぬようにする為だと謂っている。また曲り角毎に蠟燭をたてる所もあり、辻毎に△□型に土を盛る所もある。後者は油揚豆腐で死者を送るのだと謂っているが（葬号）、やはり死霊が他に迷いゆくことを防ぐ為の呪法である。

村別れ　ムラワカレ　沖縄本島今帰仁村では、葬列は里と野との境で一度龕を下し、会葬者と告別の祈願をする。これを村別れという（山原の土俗）。即ち墓地に行く者は、血縁の深い忌がかりの者だけでよかったのである。

しま見せ　シマミセ　喜界島ではシマ即ち字を出はなれた所に、シマミシバナと謂ってやや広い空地があり、ここで死者に故郷のシマの見納めをさせる。霊屋を担いだまま三回廻って、下して、最後の引導がわたされる。神主や一般会葬者は帰り、親戚だけが埋葬場へ行く。同島阿伝では埋葬場の前の広場で、霊屋を右に三回廻してシマミシをするとも謂っている（葬号）。

廻り場　マワリバ　葬列が出立ちに際して、途中で、或いは墓等で数回ぐるぐる廻ったり、或いは不必要な迂廻をしつつ墓地に行く等の習俗は、弘く各地で行われている。多分死霊の後に戻ることを避けんとする意に出た呪法の一つであろう。例えば信州小県郡では、葬列は中途の廻り場という所で三度廻り、引導と焼香とを終えて、次に墓場へ持って行くという（長村郷土資料）。諏訪ではそれを一名引導場と称し、それは墓地にあり、行列のままで左廻りに三回まわる例である。ただしかく廻るのは墓地のみに限らず、寺の庭でも、辻堂の庭、自宅の庭でも行うものがあり、いずれも穴廻りと呼ばれているらしい（葬号）。

穴廻り　アナマワリ　諏訪と同じく、下野安蘇郡野上村などでも穴廻りと謂う。ただしここでは、喪家の庭で出棺時に棺を中心にして行列が三度巡るのだと謂っている。穴という以上、もとは埋葬地で行ったことは明らかである。

六堂巡り　ロクドウメグリ　岩代大沼郡の中川村では、葬列が墓前に来るとその一部、即ち香、戒名、飯膳、棺等の持役、近親、及び綱につかまる女等が、念仏を唱えつつ何回も廻る。これを六堂巡りと謂う。

ロクドメ　大隅の肝属郡百引村でも、以前は棺を途中にて三度まわし、これをドッドメと称していた。

野机　ノヅクエ　近江高島郡西庄村。浄土宗の葬式は三昧に着くと、輿（こし）は三回廻るがそれは野机の周囲であるという。生前善光寺に参詣した者にはその必要なしとされている（旅、六ノ一二号）。

道渡し　ミチワタシ　隠岐島中村で埋葬を方言でホロムというのは、多分ホウムルであろう。棺が到着すると、アザ（壙穴）の上に横木を渡してその上に据え、供物をなし、斎主祭文を読む。これを道渡しと謂う。会葬者一同玉串を捧げて礼拝し、次に棺を穴の中に安置するのである（旅、八ノ九号）。

ヒヨケマブリ　対馬の濃部で、半紙を十二位に切って和尚が日々是好日と書いたもの。これはカタギバン及び近親者に持たせる。草履と共に墓穴に埋めてしまう。

イケオロシ　日向椎葉村で、埋葬の作業をいう。四人がかりを常としている。

鍬初め　**クワハジメ**　土佐幡多郡十川村で埋葬の時に、鍬初めといって、縄を切って最初に四隅を埋めるのは相続人の役である（葬号）。これを鍬立てと呼ぶ所もあった。

土産石　**ミヤゲイシ**　肥前五島で埋葬の時に、棺を穴に入れてから一般会葬者が、棺桶に向って小石一つずつ投げつける。これを土産石という（方、五ノ一二号）。

石噛ませ　**イシカマセ**　対馬の阿連等で、埋葬の地に来合わした子供などが、いよいよ一行が引上げるという時に、墓に後向きになって、肩越しに石を投げ、後を向かずに帰る俗があり、それを石噛ませと呼んでいる。

講中墓　**コウチュウバカ**　壱岐では遺骸を埋め終ると、直ちに講中の者が有り合わせの石で仮墓を積む。これを講中墓という。これは後で積み直すもので、郷ノ浦などでは七日目にする（壱岐島民俗誌）。

アラレ　青森県野辺地に於ては、埋葬の後、焼香読経の際に、アラレといって洗い米を新塚の上に撒いて茶をそそぐ。年忌や百ヶ日の際は洗米に小団子が添えられる（葬号）。八戸地方では、一杯団子と茶と米とを半紙一枚敷いた上に供えて水をそそぐ。これをアラネコスルと謂うことは、前に記しておいた（同上）。墓前に供えたアラネコ団子を鴉が食わないでいつまでも残っていると、不幸がつづくと謂って忌む（奥南新報、七年十一月十日号）。

四つ餅　**ヨツモチ**　陸中鹿角郡では、葬式の日に一升の粳米（うるち）の粉で餅を作り、それから四箇のヨヂモヂを取り、残りで四十九の餅というその数の餅を作る。串に挿して味噌をつけて焼き、会葬者全部に食べてもらう。これを食うと風邪をひかぬという。四箇の餅の方は、死者に最も関係深い兄弟同志で引っぱりあい、引きちぎると後ろざまに投げつける。葬送日の四つ餅の習わしは大和宇陀郡の奥にもある。四つ餅箱と呼ばれる矩形の浅い木箱二つを一本の青竹の両端に結びつけたものに四つ餅を入れ、ヨツモチイナイが担いで行く。上下を着ける近親の役である。四つ餅は墓場に置いて来る風である。またあらかじめ二つだけは家に残しておき、埋葬から帰った人々が閾（しきい）越しにちぎり合って食べる習いもあり、これは引合い餅と呼び、夏病みせぬ呪いだと謂う。やはり当日一臼の餅をつき、それから四つ餅と四十九の餅を作るのであって、この方は寺へ納める。かかる埋葬直後墓前の餅分割の式は、忌を受ける身内の者の「食い別れ」としては、まだ時が早過ぎるが、普通の会葬者に向ってはこれより遅くては困るので、中陰明けを待たずにこの機会にかかる式があげられたものであろう。四つ餅は疑いなく死人の食物であるが、喪屋の設けられていた時代には、諸子兄弟達は墓の辺に残り止まって、共々にこれを食っていたのかも知れない。後に彼等も里人と共に還って来るようになって、恐らくはそれを後ろ手に投げ棄てることに改まったのである。墓前に餅を分割する式は、この機会以外に四十九日に行う地方も多く、また四国では巳（み）正月にこれを行っている。

兄弟餅　キョウダイモチ　陸中九戸郡の山間部では、これを兄弟餅と呼んでいる。兄弟が餅二個を後手組み交して持ちあい、ちぎって肩ごしに斜め後方に投げつけるのである。肉親の兄弟がいなければ遠縁からでも兄弟をたのむ。甥の死に叔父叔母でしたという話もきいた。蕎麦粉で拵えた経三四寸の餅で、七八歳以下の子供の葬式にはしないが、正式の大人の葬式である以上は必ず行わなければならないものとされている。

引張餅　ヒッパリモチ　羽後東田川郡の火葬の行われている地では、これを焼場で行っている。出来るだけ遠く後方へ投げると、後の世で屋敷の広い家に生れると謂う。平常餅を二人で引張るのを忌むのは、葬式に引張餅をするからである（東田川郡調査）。

地割餅　ヂワリモチ　青森県野辺地では、埋葬を終えた新塚の四方に餅を四つ串に刺して立て、これを地割餅と謂う。この餅は初め六枚作っておき、二枚は会葬者が二人で引張りあってちぎって背後に投げつけ、鳥に食えと合図するのである（葬号）。

香団子　コウダンゴ　常陸の浮島では、墓を盛上げるとその上で藁一把を燃し、その跡へ塔婆を立て、クラホリの人達が枕飯と香団子という団子とを供える。その周囲に近親者や部落の人達が、花を挿すのである（葬号）。

数の餅　カゾノモチ　信州北安曇郡では人の死んだ時の餅をかく呼び、鍋蓋の上で切るので、常にはこれを忌むという（郡郷土誌稿、四ノ三一頁）。このカゾの意味は不明であるが、上野勢多郡にもこの語があり、苗代田に糯稲を植えると、葬式の時の数の餅になるという俗信がある。

茶毘空木　ダミウツギ　羽後角館地方では、空木のうち樹皮の赤いものは茶毘うつぎと称し、葬式の時に団子を焼くにはこれで作った串でなければならないと謂う。

無常の煙　ムジョウノケムリ　火葬なら問題はないが、土葬を終えて火を焚く風がある。信州諏訪地方では埋葬後火を焚いて無常の煙をあげるが、これは魔除けの為だと謂っている（葬号）。

八つの手　ヤツノテ　阿蘇宮地町字塩井川では、八ヶ所くびってある八ツノ手という松明をあらかじめ持参する。棺を埋めた後に火を点じて墓の周囲を左まわしに三度引きまわす（葬号）。

立ちがわらけ　タチガワラケ　豊後南海部郡木立村辺りで立ちがわらけと呼ぶのは、出棺の際では無くて、葬式から帰りがけに、畦の所で無理に会葬者に酒を飲ませる事だという（葬号）。筑前の志賀島でも同様である。

足洗酒　アシアライザケ　対馬阿連で、埋葬の時に墓地まで持ってゆく一二升の酒を足洗酒と謂う。親族が帰った後に後始末などをする者が飲むものがある。

ごちょう人足　ゴチョウニンソク　越後の北蒲原郡金塚村では、葬儀の際に野手伝いの人足は、ただ昼食だけを喪家で食べて帰るが、それをかく呼んでいる。午餉と関係ある語かも知れない。普請見舞等の吉事にはこの語は使われない。ここは上越中越から移住した人々の村であるという。古田地方ではこの語なく、ダシニコウ、またはダンショウ人足と謂う（高志路、二ノ一〇号）。

芋埋け　イモイケ　死体を棺に入れずに菰（こも）包みとし、芋などの如くに埋めることを、三河の北設楽郡ではかく謂う。

一八、火　葬

この国土に古く火葬が採用され、それが次第に民間に普及したことは、葬制並びに墓制に対する一大改革であった。土葬に於ては埋葬という一つの手続きを以って終ることが、火葬では遺骸焼却と納骨との二段の手続きを要する。前者の野辺送りに際しての諸作法は、後者ではこの二度に分れ、そこに伝承の複雑化をかもした。しかしまた一方では、古き風葬時代に行われた洗骨ないしは改葬を伴った二度の葬式という習俗が、今日の土葬に於ては微かなる痕跡と化したのに対して、火葬に於てかえって顕著であるとも言いえよう。

山仕舞い　ヤマジマイ　三河東部で火葬のこと。その役を山仕舞い役と謂う（民歴、一ノ二号）。

野の人　ノノヒト　飛驒益田郡で火葬場の管理人、オンボヤキのことをいう（郡誌）。

ムセヤ　大和北葛城郡五位堂で火葬場のことを謂う。ムショ、ムソバ等と同語であろう。

ホド　この語の用法は地方によって差がある。噴火口のみを、或いは鍛冶の炉のみを、また炉の中央の火のある所のみを、ホドと謂う地方がある。安芸山県郡中野村では火葬の穴のことである。女人を焼いているホドに雨が降ると、七日降りつづくと謂う。

ネフタ　またネブタとも謂う。火葬場のこと。千葉県山武郡にて（千葉方言）。

釜場　カマバ　火葬場。福島県北部にて。

ビョウショ　三河の碧海郡で火葬場のこと（郡誌）。越後吉田でも火葬場をビョシという。廟処の訛という人があるが疑問である。

十文字　ジュウモンジ　越後南蒲原地方で、墓所、屍体を置いて焼く所を十文字と謂う（蒲原夜譚、二七頁）。十文字は辻のことか。

火隠し　ヒガクシ　能登の鹿島郡では、火葬場に建物のなかった時代、火葬の都度に四本の丸木を立て竹で寄棟造の屋根をつけ、棟と軒には形ばかりの麻木を結びつけたものを造った。これを火隠しと呼んでいた（葬号）。越後の西蒲原の燕町地方の諸村でも、ほぼ似た設備をして同じ名で呼んでいる。なお同地方では火葬場をキューバと謂う由（風、一九四号）。

センダイギ　飛騨の白川村で、火葬用の薪材を謂う。

八束藁　ハッソクワラ　能登鹿島郡で火葬の藁を八束藁と称す。八束藁かつぐというのは、死ぬるという事の隠語である（民、二ノ七九〇頁）。

逆苫（ども）　サカドモ　豊前の築上郡東吉富村では、地上に四本のイグイという杭を立て、その中央に三把藁とて堅く結んだ藁を三把置き、その上に棺を置く。棺の周囲を十二把のカコミ藁で巻き、その上にカワキドモと謂う上部をくくった藁をかぶせ、最後に逆ドモというのを水に浸してかぶせる。これで火葬の準備が出来るのであるが、野の者共がこの支度中は、その死人の悪口をさんざん言う習慣である（葬号）。トモは苫（とま）である。

烏祭　カラスマツリ　正月の目出度き折の烏祭の例は多いが、越後の西蒲原では火葬場でも「カーラ来ウ、カーラ来ウ」と烏を呼んで、野団子を投げ与え、それから後に火をかける習わしがある。

一の煙　イチノケムリ　野天の火葬場では、火の上に棺を置き、さらにその上を藁で覆うておくと、少時してどっと煙が立ち昇る。その煙を安芸山県郡中野村では一の煙と称し、その靡いた方に死人が出ると謂われている。

火屋見舞い　ヒヤミマイ　能登の諸郡にて、棺に火をかけて二三時間後、近親の者が火屋見舞いと称して、紋服にて火葬場を見まう習慣がある（葬号。珠洲郡誌）。

山見舞い　ヤマミマイ　讃岐仲多度郡では、火葬は講中に焼番が出来て扱う所が多いが、その際喪家から夜中酒食を送り、これを山見舞いと謂っている（郡史）。

墓積み　ハカツミ　安芸山県郡では、葬式翌日の骨拾いを墓積みという。それはおそらくは、火葬以前には葬式の次の日に墓なおしをする習いがあって、その名称がそのまま転用せられているものと思われる。

灰だれ　ハイダレ　長門の通浦では骨拾いを、灰だれと称す。

灰塚　ハイヅカ　大津市では、火葬の残灰は荼毘場の北隣に埋め、これを灰塚と称した（市志下巻）。

骨箱　コツバコ　能登鹿島地方では、一般に火葬が行われ、骨は骨箱に入れてこれを仏壇に安置すること一年間にも及ぶものがある。ただし第二の死者ある時は三度目のあらん事を恐れ、大急ぎにまずこれを墓地に送ると謂う（葬号）。埋葬の際は、骨を墓中の甕に入れ骨箱は捨ておく。

骨込　コツコミ　越前東部で納骨寺へ参ることを謂う（福井県方言集）。骨込と解した結果、コツコメを訛ったのであろう。

骨登し　コツノボシ　紀伊那賀郡では、死人の遺髪は高野山骨堂に納むるを一般の習わしとし、これを骨登しと謂う。山間部では血族の者姻戚の者二人連れ立ち、家を出る時は小草鞋一足と飯と塩味噌とを入れた藁苞（わらづと）を携え、途中一つの谷または川を越した所で、これを棄てる習慣があるという（郡誌下巻）。

抱き芋　ダキイモ　越中上新川郡などでは、火葬する際に棺に山芋を入れて焼き、それを食べると脳病がなおると謂う。抱き芋であろうか。能登鹿島郡でも、名称は知らないが、火葬の火で薯蕷（ながいも）などを炙って食べると腹気を強くするという由（葬号）。

一九、野がえり

埋葬或いは火葬を終えて帰宅した折の作法をここに集める。帰途他家に立寄ることを忌み、或いは家に入る際に塩を撒く等のことは、今日東京などの如く、電気重油の近代的火葬場からの帰りに於てさえも、なお守られている伝承である。それらの一つ古い方式を問題にしたいのである。死霊の伴い帰るを防ぐ為の種々の呪法もあるが、未だ語彙の採集されたるものは少い。

塩払い **シオバライ**　葬式帰りの者が家の入口で浄めの塩を使うことは、弘く行われている。これを伊予でも対馬でも塩払いと称している。喜界島阿伝では、葬送の参列者は帰途皆海でスバレーをする。潮祓いの意であって、海水で手や顔を洗い、口をすすぐのである（葬号）。

潮蹴 **シオケ**　沖縄の大宜味村や国頭村では、葬式が終ると龕担ぎの男が一本ずつ尾花を切って来て、その先を結んで一対の潜り門のようなものを浜の砂上に造る。会葬者の男はこの一方を潜り（くぐり）ぬけて海へ行き、手足を洗って他の門を潜って帰る。女はその反対にくぐる。死霊を除けて身を清める為だという。この行事を潮蹴と呼んでいる（山原の土俗）。

足洗水　アシアライミズ　対馬の阿連では、座敷の口に盥（たらい）を据えておき、会葬者は必ずこれで手足を洗う。これを足洗水と謂う。

ススギ　壱岐では別記の如く、湯灌後にトコヤキと称して死者の敷物等を浜辺で焼く風があり、そこを石田村などでは焼き場所と呼んでいるのであるが、葬式帰りにはそこで手足を洗い山草履を脱ぎすてて帰る習わしであり、それをススギと謂う。そして帰宅したら直ぐに着物を着換えて墓参りに行く。

廻り戸口　マワリトグチ　阿波勝浦郡福原村七ヶ村では、葬式が終ると位牌持や荷役人は廻り戸口という事をする風がある。一つの戸口から入り、他の戸口へ左廻りに三度廻るのである。その間に盥に片足を入れ、箕（み）の中の塩を摘んで食い、コマアシを跨ぎ倒すのだという（郡誌）。土佐の長岡郡でもこの際にコモアシという薦編台を使用している（葬号）。

親払い　オヤハライ　信州諏訪郡の本郷村、落合村では、親の死んだ時の野帰り後は直ちに家の庭で空臼を搗（つ）き、これを親払いと称している（葬号）。

野帰り膳　ノガエリゼン　野帰り膳。能登鹿島郡石崎村などで、火葬から帰った人々に出す膳部のこと（郡誌）。播磨加東郡でもそう謂っておる。

野辺帰り膳　ノベガエリゼン　阿蘇宮地町附近で、埋葬から帰った組内の男達に出す簡単な精進料理の酒を謂う。また野辺帰リノシコーとも謂うのは（葬号）、多分酒肴であろう。

野辺ぎりの茶　ノベギリノチャ　肥後宇土郡で野辺送りから帰った人に出す膳部のこと（郡誌）。

茶と謂うのは大抵簡単な饗応のことである。

しつけた餅　シツケタモチ　常陸行方郡で葬式から帰った者に食わせる餅。庭の広場または通路に臼を出して、多くの人が代る代る色々の履物をはき、多くの手にてちぎる等、常の日の餅搗きに忌むことをして作ったものである（風、四四八号）。香取郡ではこれをハナモチと謂う。

足洗飯　アシアライメシ　越後南蒲原で焼場から還った葬式人夫に食わせる餅のこと。苗代の跡田に糯稲を植えるを忌み、禁を犯すとその米は足洗飯になると謂う（越後三条南郷談）。

だん祓い　ダンバライ　壱岐郷ノ浦で葬地から家に帰り一同表向きに坐って、僧が後方から読経祓いをすることをいう。その間徳利に酒を入れて口に盃をかぶせて次ぎ次ぎにまわして、手酌で飲み尽くし、徳利をころがす習いである（壱岐島民俗誌）。

二〇、墓じるし

常民の墓標に文字を刻んだ石を建てることは、極く近年の流行である。以前は石を用いるとしても、小さな自然石に過ぎなかった。今日に於ても、火葬の遺骨を納める場合は別として、土葬なら石碑を建てるにしてもそれは相当の期間をおいた後でなければならない。従って埋葬直後の墓じるし、ないしは様々の設備が必要である。九州を始め西日本には後に述べる如く屋形の蔽いが多く、国の東北部でこれの殆んど見られないのは、顕著なる相違である。

四つ石　ヨツイシ　伊予北宇和郡の山間では、埋めた上に四つ石という四つの石を置き、その上に大きな四角な石を置く。これをマクライシと呼んでいる。なお葬送の際にガン桶にはマハライと称して鎌などの刃物をつけてゆき、この石の上に三日間立てておく。

冠石　カムリイシ　対馬で、墓の上に敷く平石を冠石と謂う。濃部部落では、これは葬家の持山から村の人が取って来てくれることになっている。青海部落では、そこの川の南岸即ち神社のある側からこれを取ってはならぬとされている。そして埋葬の時には仮の冠石を載せておき、三日目に改めて冠石を取りに行く習いがあり、これを冠石取りと謂う。

だぶ石　ダブセキ　対馬の阿連部落等では、冠石にあたるものを、ダブセキと謂う。久根田舎部落では、これは葬式当日に火のかからぬ者が山へ取りに行く。単に石取りと呼んでいる。

捨石　ステイシ　対馬の青海で、埋葬の際に棺の直ぐ上に乗せる平らな石を捨石という。その上に泥をかぶせて、冠石をのせるのである。捨石も冠石も、大きな物では後に掘り返す際に都合が悪いので、形式的に小さな物を使ったそうである。

蓋石　フタイシ　壱岐では葬甕の上にのせる石を蓋石と呼んでいる。

さ蓋　サブタ　博多でサブタと謂うのは、これに相当するものらしい。

土蓋　ツチブタ　大和宇陀郡の山地では、棺を穴に納めたら周囲に土を入れ、上に厚い木の板を置く、それをツチブタと謂う。その上に土地の高さまで小石をのせ、さらにクサヅカと呼ばれる土饅頭を盛り上げるのである。

地石　ヂイシ　八丈島では以前土葬の塚の上に方三尺の平石を据え、これを地石と称した。その上に高さ一尺五寸ばかりの平石を四方から立合せ、またその上に四方面の石を置く風があった（八丈実記巻十八）。

枕石　マクライシ　対馬の濃部では、死人が出ると直ぐに家人が浜に行って、浜石を蹴り、蹴りあたった小石を一つ持ち帰って死者の枕の傍に置く。これを枕石という。葬後のシアゲがすんだ後で枕石に戒名を記して、スヤの中に入れる。そうするとゴリンノイシと呼ばれる。青海では棺を担いだ者が浜に出て汐で手を浄めた後、目をつぶって摑んだ石を持帰り、和尚に戒名を書いてもらう。これが碑石の古い一形式である。

仏石　**ホトケイシ**　長門日置郡矢ヶ浦で墓碑のことを仏石と謂う。広島市附近では墓は四十九日までホトケ石は横に寝かして、上に障子張りの屋根をしつらえる風があり、阿蘇地方では葬式翌日のハカツキに近親者のみ新墓に詣で、盛土を饅頭形に盛り直して、その上に自然石の適当な大きさの物を載せ、これをやはりホトケ石と謂っている（葬号）。

仏木　**ホトケギ**　薩摩甑島瀬々ノ浦では、墓の棺の真上に立てる四角な木柱を仏木と称す。表に戒名、右側に年月日、左側に年齢、裏に俗名を誌す（葬号）。

六角仏　**ロッカクボトケ**　下総東葛飾郡では、埋棺終ると土を盛り上げてその上に六角仏、七本仏と称するものを立てる（郡誌）。

七本仏　**シチホンボトケ**　相模津久井郡でも七本仏が使われる。それは一尺幅位の板で、下に脚をつけ上を山形にしたりして、阿弥陀外六種の如来の名を書いたものだという（葬号）。

ヒガクシ　青森県野辺地で、土葬した上に立てる小さな塔婆を謂う。これを七本仏と呼ぶ地方もあるという（野辺地方言集）。なお信州下伊那郡では、赤紙を貼り下げた小板を竿の先端につけて、葬儀場に立てるものの名称である。

息つき竹　**イキツキタケ**　墓の上に立てるものには、まだ幾通りかの形式と名称とがある。常陸新治郡では青竹の長さ六尺以上のもの二本の節をぬき、多く手伝い人の一人が持って葬列に加わり、そして埋葬したる土饅頭の中央に立てる風がある。それは息つき竹と呼ばれている（民学、三ノ六号）。多分霊の通路とする為に必要だったのではあるまいか。

息つき穴　イキツキアナ　陸前牡鹿半島鮎川村では、上方を細く削って輪にしたところの、六尺位の節を抜いた竹を埋葬の棺の上に立て、これを息つき穴と呼んでいる（島、一ノ三号）。

掘りかん台　ホリカンダイ　八戸市附近では、埋葬の穴を掘った鍬の台だけを土饅頭の上に立てる風がある。その台を掘りかん台という。その他に鎌や竹弓を立てたり、棺をかついだ棒を一本または二本立てたり、それを二つに切って立てたりして、一定はしていない（葬号）。

三木　サンギ　越後南魚沼郡では、木を三本組合せて立て、その頂に鎌や鍬をかけ、それらは二度と使わぬ。サンギは平素は人の忌むものとなっているというが（郷、五ノ一号）、多分三木と書くのであろう。陸中雫石地方にもほぼ同様の三木の習いがある（葬号）。

三曲　ミマガリ　菅江真澄の紀行「すゝきのいてゆ」には、北秋田と鹿角との郡境近く大渡り村で火葬跡に三本木を結い立てて古鎌をかけ、木の弓箭を北に向けて引いて掛けてあり、それを三曲と呼んでいたことが書いてある。

弾き竹　ハジキダケ　近江高島郡西庄村では、棺を埋めた上に先を割った竹を立て、四方に曲げて挿す風があり、これを弾き竹と呼んでいる。その他に先の尖った竹や提灯竹も挿す。狼が掘りかえすのを防ぐ為だという（葬号）。

狼弾き　オオカミハジキ　岡山県御津郡では、これを狼弾きという（岡山民俗資料、一ノ六号）。岡山市外今村地方でもこの風はあるが、小児の場合だけらしく、竹を細く割って目の粗い籠を伏せたように横縦十文字に挿す。一名魔除けとも呼ぶ（葬号）。下野の安蘇郡では、目籠を伏せる。そしてやはり狼弾きと呼んでいる。

犬弾き　イヌハジキ　甲斐にも割竹数本突き立てる風があり。犬弾きと呼んでいる。イヌは山犬即ちやはり狼のことであろう。

犬避け　イヌヨケ　信州東筑摩郡山村では、土饅頭の上に竹を二三本曲げて立て、中に曲物の底を抜いたものを吊る習いがある（郷、五ノ七号）。やはり狼避けである。

猪弾き　シシハジキ　信州諏訪郡落合村でも、埋葬地上に竹を曲げて立て、それを猪弾きと称している。山犬や猪の害を防ぐ為のものであったという（葬号）。

目弾き　メハジキ　群馬県多野郡では、葬地の盛土の上に割竹を挿し、それを目弾きと謂っている。

ツブラ　静岡県浜名郡芳川村などでは、埋葬したる上にボウラ籠を置き、先に紙を結びつけた竹棒をその中に立てる。これをツブラという（葬号）。

殯　モガリ　常陸で、二三歳の小児を葬るとき、四十九本の青竹を割って周囲に柵をゆい、これをモガリと称していた（民歴、四ノ四号）。名称は判らないが南埼玉郡村国村にも、子供の墓に限って墓には十数本の竹を上方を束ね、下部を円く拡げて墓の上にさしておく風があり、これは犬に食われぬ用心だと謂っている。大人の墓は棺が大きく、犬の害を受ける憂いが無いのだという（郷、二ノ七五二頁）。以前は成人の場合にもそうしたのではあるまいか。因みに静岡県駿東郡の原町附近では、子供の新墓に限り米俵を被せておく習慣がある（郷、二ノ七五一頁）。

ミジメ　三河の設楽でも、子供の墓には竹を割って丸く編んだものを立てると謂う。ミジメという名称である（田嶺炬燵話）。

娑婆垣（ぐね）　**シャバグネ**　相州津久井郡の青根村では、新墓のまわりへ、葬送の先頭に立てた八本の青竹を折って垣のように挿し、北側だけを開けておく。これを次の盆に抜いて焼くという。多分娑婆垣であって、この世との境の意ではなかろうか。

折掛　**オリカケ**　壱岐では新墓の周囲には、生竹を折曲げて垣をする。その垣を折掛という。一名を二段垣とも称し、常には二段垣を忌む（続壱岐島方言集）。前に折掛位牌でも述べたように、仮作りの義であろう。

囲垣　**イガキ**　埋葬した土饅頭をめぐらす垣を、淡路でイガキと呼んでいる（淡路方言研究）。やはり囲垣であろう。

四方堅め　**シホウガタメ**　死者のガンを埋めた外側に竹四本を立て、縄を張りめぐらすことを、伊予北宇和郡の御槙村では四方堅めと謂っている。

忌竹　**イミダケ**　丹後与謝郡では、葬送の四本幡、灯籠一対、天蓋一つ、都合七本の青竹を折って墳墓を囲い、これを忌竹と称している。七日毎に墓参し、この忌竹を一本ずつ抜取る習いである（郡誌下巻）。七々中陰明けを以て全部が無くなるわけである。

三段幕　**サンダンマク**　紀伊日高郡上山路村では、新仏の墓穴の周囲に青竹を立て、白幕を三段または五段、七段に張り、これを総て三段幕と称し、いずれの場合にも最上段のをフゼ、最下段をドロツキと謂う。フゼは後に布施として僧に贈る。

二、墓地の種類

墓地の用途は遺骸を埋める事と、以後の祭をする事と、この二つに大別される。今日多くの墓地はこれを一つの場所で兼ね備えている。しかしこの第一次墓地と第二次墓地、謂わば葬地と祭地とを全然別地と為す例がある。そしてこれが古い方式であった。沖縄等の洗骨の習俗はこの二種の墓地の関係を明確に示してくれる。かかる第二次の葬式ということが微かな残存と化した内地に於ても、しかし二種の墓地の関係を究めてゆく資料は未だ相当にある。いずれにしろ第一次墓地は短き期間の使用に供せられていたものであって、第二次の墓地こそ、本当の我々の墓であった。

村墓　ムラバカ　一部落或いはその中の数戸で共有地の墓所を所有し、各戸随意にその適宜の地点を掘って死体を埋める権利を持つという例が全国に極めて多い。肥前西彼杵の江島等ではそこを村墓と呼んでいる。そしてそれとは別に寺の近くに寺墓と呼ばれる墓地があり、それは住持の墓から開拓されたものらしいというから（葬号）、村墓より新しいものである。寺墓にはその他良い家の墓が僅かにあるだけだという。これも各地でかなり多く見られる村の墓制の一形式である。資力のある家が、共有墓地の汚穢を厭うことがこの形式の生れて来る一原因である。そして多くの地方に於て、かかる寺墓の碑石が次第に数を増してゆく傾向にある。

村原（むりわら）　ムリワラ　周防大島で墓所を謂う（近畿民俗、一ノ二八四頁）。ムラワラ即ち村原であろうか。

家の山（え）　エノヤマ　エネヤマとも謂う。隠岐島中村で墓地のこと（昔話研究、七ノ三八頁）。多分家の山即ち背後の山で、そこを墓地にしたのであろう。この隠岐の例は験してみないと分らないが、前記の村墓形式とは別に、家々が各戸に埋葬地を定め持っているという例もまた、相当に多かったのである。

墓株　ハカカブ　村々には林叢地が乏しくなり、土地の私有がすすむと、墓地の割拠の風が招来される。近畿に多い墓株等というのもその一例である。摂津有馬郡藍村藍本では、墓地は家名によりはなれればなれの地に一団となっている。他所から来た者などが、村で墓をつくるには、墓株を買わなければならないという。墓株仲間は葬式にはそれぞれ役があり、伊勢講頼母子（たのもし）などにもその本家は一つの中心をなす。

草山　クサヤマ　以下墓地の名称を並べておく。尾張海部郡八開村で墓場或いは火葬場をこう呼んでいる。単にヤマとも謂う。

蓮台野　レンダイノ　蓮台野という地名は京都のそれのみが著名であるが、全国に亙ってその数が非常に多い。中にはただの林でありもしくは拓かれて畠となったのもあるが、こういう特色ある地名は偶然には一致せぬ筈である。蓮台は通例柩を運ぶ乗物の名と考えられ、また字面に拠って立てられた寺方の説もある。しかし我々としては、この名称の地について比較を進めてゆく必要がある。例えば陸中遠野地方では訛ってデンデアノ、或いはデイデエラノというが、村々に数ヶ所あり、昔は六十歳になる老人はそこに棄てたという伝説を伴うものが多い。またそれから転じて、六十歳という意味にデンデアノの語を使う（遠野方言誌。紫波郡昔話）。甲斐の東八代郡などでは七デンレイと称して七ヶ所の墓地を謂う所であり、信濃東筑摩郡では墓の引導場のことを蓮台場と称している。三河の碧海郡では火葬場をデンデというが、それは多分は火葬が行われるにいたって墓地名称が転用されたものであろう、他にもサンマイ、ムショ等にもかかる例はある。

タッチョウ　或いはタッシャバ等という名称で、古墓や墓地を呼ぶ地が所々にある。壱岐では多く貴人の墓という伝説を伴い、三河北設楽杉山にもこの地名あり、昔二人の女性を葬った地だと謂われている（民学、二ノ一三九頁以下）。甲州でも墓碑をタッチュと謂う所がある。また豊後久住山辺にオタッチュウ、メタッチュウという古墓があるということだ。

御魂処　オタマショ　阿波の美馬郡端山村字宮平の山中に御魂処という所がある。高さ一間、長さ十間、幅二間に石を積み、その中間に一間ほど隔てて古墓二つがある（美馬郡郷土誌）。

ベンショ　能登鹿島郡の石崎村で墓地のこと。

センド　播磨印南郡で墓地の意味。

ヤントラ　南秋田郡で墓地のこと。またヤントレとも謂っている。津軽ではヤンタロコと謂う（津軽口碑集）。多分いやな所の意味であろう。

乱塔　ラントウ　墓地をラントウ、ランバ、ラントウバ等と呼ぶことは中国近畿以北弘い範囲に及んでいる。それが火葬場の意味に転用されている所もある。乱塔場などの漢字が宛てられているが、意味は明らかではない。常陸多賀郡高岡村上田代、下総香取郡久賀村次浦部落、伊勢飯南郡森村の森、大和宇陀郡曾爾村などいずれも両墓制の地であり、いずれも第二次の墓地即ち石碑の立った祭地をラントウと呼んでいる。森村では共有の埋葬地を古くからサンマイと呼び、ラントウは寺院境内にあって家々の祖先の碑があり、屍をここに葬ったのは和尚のものだけだから、ラントウは和尚の墓のことと解されている。近時かかる差別が次第に廃れて、一般人の屍体をもラントウに埋めることになり、それをヨセバカと呼んでいる。家別に埋葬地を定めて、合葬する意味と思われる。久賀村でも曾爾村でも、第一次墓地はハカと称し、曾爾村は今でもここに一つの石碑も立っていない。ラントウは殆んど石碑と同意味に使われ、多く寺の境内にあるが、各戸私有地に設けているものもあった。

寄せ墓　**ヨセバカ**　筑後の八女郡では、土葬の行わるる村方に於て、墓地が狭隘となる為に寄せ墓が行われる。骨を一所にまとめることで、最近は盛んになったので、諸所に倶会一処と刻した石碑を見ることが多い（旅、七ノ三号）。ただ骨を捨てることが出来なくなった為であろう。

アトヨウシ　壱岐で古き墓を発掘して、あとに新しき屍を葬ること。なお墓の改葬をリョウナオシと謂っている（壱岐島方言集等）。

初三昧　**ハツサンマイ**　近畿から北陸にかけて墓地を三昧と呼ぶことは一般である。この語も所によって火葬場の意味となっている。播磨神崎郡田原村などでも、右の森村の如く、第一次の共用墓地を三昧と呼んでいた。近江高島郡西庄村では、初三昧が老人だとよいが、若い人だとこの年は死人が多いと謂うそうだが（葬号）、その年初めての葬式の意味と思われる。

む所　**ムショ**　墓地をかく呼ぶことも例が多い。墓所の古音の如く説明せられているが、やはり考究を要する。以前は無常所の語も宛てられていた。岡山県御津郡では、ムソバを墓場の意味に、市外今村地方では、火葬場の意味に使っている（葬号）。播磨美嚢郡等では埋葬をしないところの後に石碑を建てる地をムショと呼ぶ例があり（郡誌）、志摩等には後記の如くこれが第一次墓地になっている例もある。名称だけに頼ることは出来ないのである。

いけ墓　**イケバカ**　大阪府豊能郡田尻村も両墓制で、屍を埋めた方をイケ墓と称す。普通に部落から遠く離れた峠や山の奥に大字或いは小字毎に共同に、時には三四軒共同にある（洞繁太郎氏）。

参り墓　**マイリバカ**　大阪府豊能郡田尻村では、イケ墓に対するものを参り墓と称し、家近くに戸毎または二三軒毎にあり、石碑はここに建てられている（洞繁太郎氏）。

マルカ　志摩御座村では埋葬地をマルカ、別の石塔を建てる所はここでもラントウバと呼んでいる。マルカは丘の上にあり、ラントウバは村の寺の境内、そこに石碑が林立している。葬式の日は磯の口止めをして村民全部これに参加し、マルカに埋める。その翌日は花折りといい、マルカの土をラントウバに移すと謂う（民伝、二ノ一〇号）。マルカは多分土塚の形から来た名称であろう。

アタリ　志摩国安乗村も両墓制で、屍体を埋めた所をムショとも謂うがアタリとも謂い、別に寺の傍にカラムショがあり、盆の六日にはこの両方を掃除する（盆号）。空ムショは屍体を埋めてない墓地の意味であるが、アタリは忌詞、四辺の義であろうか。

空むしょ　**カラムショ**　空ムショの語は対馬の青海でも使われている。寺の裏山にあって、やはり第二次の墓地である。もとは死後三日の墓参りを始め以後すべてここに参り、埋葬地の方には足ぶみしなかったと謂われている。これに対する第一次墓地は海辺の川沿いにあり、石垣に囲まれた矩形の地である。もとはここに石塔を建てることは原則としてなく、月始めに死んだ者は入口の方に、月末に死んだ者は川端に近い部分の古そうな所から掘返して埋めた。石ばかりの地で泥はなく、三年もするときれいに腐り切っているという。最愛の子などが死んで、捨ててしまうに忍びない場合などには、米一斗を村に出して石塔を建てる許可を得て建てたということである。しかし現在残っているのでは、明治七年の石などは古い。一般にこの地に石塔を建てるようになったのは、二十余年前からのことだという。現在は一坪余位ずつ区分して各戸に分けているが、まだまだ墓碑の建っているのは、全部で二三十基であり、墓碑はカラムショの方に林立している。

輪墓　ワバカ　対馬の木坂では、屍は山を越えた谷の輪墓というのに葬る（民歴、一ノ三号）。青海の第一次墓地と同じ形式のものらしく想像される。

野場　ノバ　静岡県磐田郡阿多古地方では、埋葬地を野場と称し、これに対して家の裏や寺の境内等の石碑を立てる所をオハカと謂ったが、近時次第に両者を合してボッチと称するにいたった（能田太郎氏）。

仮墓　カリバカ　香川県小豆郡豊島では浜辺に死人を葬り、自然石など建ててあるが、別に薬師堂境内に本式の墓石を立て、これをカリバカと呼んでいる。そして一切の祭は、この屍体を埋めざる第二墓地で行う（岡山民俗資料、一ノ六号）。

引墓所　**ヒキボショ**　東京府西多摩郡檜原村の人里(へんぼり)部落では、近い頃まで屍体は家々の一番良い畑に埋め、石碑は一周忌頃に自宅附近に建て、埋葬地の方は忘却にまかす習いであった。大沢部落では埋葬地から土を少し持って帰り、自宅附近の石碑を建てる地に埋める。これを引墓所と称している。

引墓　**ヒキバカ**　京都府熊野郡湊村大字葛野で、屍体は部落を隔たる約五町の白砂中の共同墓地に埋葬するが、三年後には別地に墓地を選定して改葬する慣例があり、これを引墓と呼んでいる(熊野郡誌)。

地葬場　**ヂソウバ**　喜界島阿伝では死んだ直後の埋葬場を地葬場と称し、その霊屋(たまや)の墓をハカという。それで地葬場をハカシュ(所)、またはハカバシュとも謂う。この島に地葬場の出来たのは約四十年前で、それまでは古来のムヤで風葬にした。埋葬した死体は二三年後に改葬して、先祖代々の石塔の墓に移す。この石塔をテイラ(寺)といい、多く地葬場と所を異にしている(盆号)。

ムヤ　喜界島で風葬時代の墓穴のこと。山のひらの岩を掘ったりしたものであった(島、二ノ四五三頁)。後の喪屋の章を参照されたい。

ヤバヤ　喜界島ではまたムヤのことをこうも呼んでいたらしい(旅、七ノ一二号)。

後生山　**ゴショウヤマ**　沖縄の津堅島では、以前は風葬が行われ、屍体を蓆(ござ)に包んで後生山と称する藪の中に放って置き、家族や親戚朋友が屍体が腐爛して臭気の出るまで、毎日のように来て死人の顔を覗(のぞ)いて帰る。死人が若者であったら、生前の友達が毎晩楽器酒肴を携えて訪れ、死者の顔を覗いては踊り狂って死霊を慰める習いがあった（民、二ノ八〇五頁）。

トフロ　或いはトコロ。奄美大島で死者を収むる穴蔵をいう。三年忌にその骨を洗い、トフロの奥の石櫃や南京焼の壺に、先祖の遺骨と一緒に納めるのである。昔は一般にこの習わしであったが、次第に大和の風に学んで土葬となったとある（南島雑話。人、三七ノ四号）。

シルフィラシ　沖縄で家族墓の中の空地のことで、洗骨するまで棺を置く所をいう。液を乾かしむるという意味である。洗骨後の骨壺を置く部分は別になっている（シマの話）。

墓庭（ぬな）　**ハカヌナ**　沖縄では墓前の一定の空地を墓庭といい、普通は石垣で囲われた二三坪から十二三坪の広場であり、そこで祖霊を祭り、また親族故旧相集まって悲しいことも楽しいことも共に味わう場所であった（シマの話）。

フニウユン　沖縄本島新城等で洗骨のこと。骨を振り選る意味である。カルクナシュ（軽くする）とも言った。死後二三年ないし六年内に行われたが、早く次の死人が出るとその葬式の日に行われた。棺を墓から墓庭に運び出し、爪の先まで拾い取ってきれいに拭い、それから納骨器へ下部の骨から順々に上部の骨を納めた（シマの話）。

野屋墓　**ノヤバガ**　野屋墓。八重山列島石垣島で、棺一つ入れる程の面積の四方に石を積み、上部を茅の苫で被い、その上に竹や薄（すすき）の簾（すだれ）を屋根形に覆うた墓である。毎年の十六日祭や死人があるとこの被覆部をとりかえる。この上部を石灰石でおおい石を積み上げたものを、カクバカ（角墓）と謂う（葬号）。

崖墓（きち）　**キチバカ**　崖墓。八重山列島石垣島で、天然自然の断崖に横穴を掘り、入口を石で積み上げた墓。古い形のものである。この一層原始的なるものとして、自然の洞穴を利用した共同墓所があり、千人墓とも称している。今日はもう使っていないらしい（葬号）。

イゴウナ　八丈島の諸処にこの名称の地があり、人骨散乱していた（八丈実記巻六）。前代の葬地は今は多く林藪となり、人々の近づくことを厭う所になっている（藤木喜久麿氏）。ウナは多分洞のことである。

人捨てよう　**ヒトステヨウ**　八丈島にこの名称の地が幾つかあり、六十以上の老人を捨てたという伝説を伴っている。八丈実記に人岩とあるのもこれであろうか。ヨウは岩穴のこと。

捨場　**ステバ**　隠岐で埋葬することをステルとも謂い、墓地を捨場とも謂う（隠岐昔話集、七七頁）。

甕転ばし　**カメコロバシ**　岡山県御津郡横井村の地名。急坂で松樹密生す。昔は老人六十になると、瓶につめて峰から谷底めがけて突き落したという伝説がある。また死者を瓶につめて谷に落し野獣に供するのを、罪障消滅の便にしたとも謂っている。事実谷底には大きな瓶の破片があり、また人骨も少くないという（岡山県土俗及奇習）。

賽の川原　**サイノカワラ**　賽の川原と呼ばれる地は現在極めて多い。そして多く小児の死に関連した石積みの話を伝えているようだ。これは多分、仏教からかの影響であって、その一つ以前の形があった筈である。私はそこは、小児だけには限らぬ一つの葬送地であったらしいという想像を抱いている。その他人里近い山中にアシダニ、オソバ等の地名を伝えている所も、前代の葬送地かと思われるということは、「山村語彙」に述べておいた。

子三昧　**コザンマイ**　子供の葬式は大人の葬式と、種々の点で形式を異にしなければならないものとされている地方が多い。埋葬後の墓のしつらいにも、この区別を定めている所があり、また墓地を全然別の地点と定めている所もある。例えば播磨加古郡神野村字神野の三つの垣内のみに、子供だけの埋葬地が大人のものと別になっていて、子三昧と呼んでいる。昔は十五歳以下の者を葬ったが、現今では十歳未満の者であり、そこには野机がなく、また和尚が来ずに小僧が来るという（近畿民俗、一ノ三号）。

子墓　コバカ　西宮市広田では墓は、ヤマノハカとウチバカとに分れている。ウチバカは寺にあって、昔は資産家と土地の旧家しか持てず、今でも外来居住者に対しては制限を設けている。山の墓は二種に分れ、子供のうちに死んだ者はコバカに、大人はオオバカに葬るのであって両地谷一つを距てている。近年はコバカに葬らぬようになった家が多いという（民伝、二ノ一〇号）。やはり神戸近くの熊内村でも、以前は大人は摩耶山麓の春日野に葬ったが、子供は今日紅葉谷という所の子墓に埋めたらしいという（葬号）。

童墓　ワラベバカ　沖縄列島では幼い死者の為に特別の墓を設ける。本島の国頭村や大宜味村などでは、六歳以下の小児が死ぬと、後生で乳の親に養われるものと信じられ、必らず御重を盛って乳の親を頼む為のお祭をする。黒髪を長く垂らし、乳が特に大きく、極めて顔の優しい女性とされ、それが童墓に住むものと思われている（山原の土俗）。八重山の石垣島でも六歳以下は童墓に葬る。平場に竪穴を掘り、棺を埋めて土砂をかぶせ、周囲を漆喰で固めて饅頭形になし、その上からシトベーという茅束を覆う。死児は棺内に正坐させ、太陽に向けて合掌させて葬るが、これは木を植えると同様の考えで、かくすれば再びまた生れ出で、子孫繁栄するものとされている

（葬号）。

袖垣　ソデガキ　沖縄各地で死産児は墓の傍にスデガチ（袖垣）を作り、襤褸（ぼろ）に包んだままか、または素麺箱に入れて埋める。変死者もここに埋め、幼児もここに葬った（葬号）。

猫三昧　ネコザンマイ　播磨神崎郡船津村には、猫三昧と謂う特別の共有墓地があり、そこはもっぱら胞衣（えな）や早産の嬰児を埋める為めに使われていた。

三昧所　サンマショ　信州下伊那に、家畜の屍体を捨てる所をこういう名で呼んでいる村がある。三昧であって、人間の墓地は別の名称で呼ばれているものと思われる。

すら墓　スラバカ　阿蘇の黒川村では、一家に二人つづけて死人があると、三人つづかぬように人形を作って葬式する風があるという。同宮地町ではかかる際には、スラ墓という作り墓を造る（葬号）。空言をスラゴツという所だから、多分ソラ墓であろう。

ギャギャシ　壱岐で生前に準備する墓碑のこと。この風さかんであるという。仰々しの意であろうか。

わたましの祝い　ワタマシノイワイ　八重山の石垣島では、墓の落成の日の祭をかく呼んでいる。盛んな供物をし、音楽を奏し、家に戻って暁まで酒食す。新築後に死者の出ないことを祝福するのだという（葬号）。

こくら石　コクライシ　大隅肝属郡高山で普通に墓石にする石をいう。地名であったら削除したい。

腐れ筋　クサレスジ　墓は村のどの位置にあるかということは、一つの大きな問題である。これに関係した語彙はあまり採集されていない。肥前小川島では、加唐島を腐れ筋と呼び、その理由として述べていることがある。その島の家は山の上に在り墓は下の磯にある為に、人の流した汚水が墓地に行くその罰である。小川島はこれに反して墓は人家の上にあり、墓で清められた水を飲む故に腐れ筋とはならぬというのである。こうした資料も幾つか集まったら、そこに興味ある結論も出て来るわけであるが、一つだけでは何とも仕様がない。

身墓　ミバカ　丹波多紀郡の村方では、未だ両墓制の遺風が相当多く、第一次墓地は身墓と称して、一部落に二箇所以上もあり、荒廃を極めている。これに対して第二次墓地は清墓と謂い、多くは寺の境内にあり、ここに石碑が建っている。篠山町ではかかる両墓の習わしはなく、寺の境内の一所である（郡風俗調査）。――【本項は一四九頁〔注：本書の一四〇頁〕に納むべきであるが、既に再校も終っているので、余白を利用して追加記入しておく】。

二二、朝参り夕参り

埋葬から帰宅したら、直ちに着物を更えて墓参に行く習わしが壱岐にあることは既に述べた。遠く青森県の野辺地では、埋葬した夜の通夜の人々が夜中交代で野見舞をしている。次ぎの日の朝を待って墓参する習いは、弘い地域にわたり、そしてそれが七々中陰明けまで日々の行事とされてる例もある。今日既に絶え失せた遺族の喪屋籠りの習俗については、ぜひともこの方面からも研究の路を切り開いてゆかなければならない。

朝参り　アサマイリ　丹後舞鶴地方では葬式翌日から、普通五七日のシアゲまで、毎朝未明に息子は新墓に参る。埋めたる死骸に変りなきかを見る為だと謂っている（葬号）。

朝でやり　アサデヤリ　対馬の阿連で葬式翌朝早く、親戚などが墓所に参り花など立てることを謂う。それから帰って、昨日の御馳走の残りなどで食事をすることを、ヒヤメシクイという。

塚固め　ツカカタメ　近江高島郡西庄村でも、葬式翌日に花や水や線香を持って墓参する。死人に水を上げた茶碗をこの際に持参して、それで水を供える。これを塚固めという（葬号）。

墓直し　**ハカナオシ**　伊予新居郡では葬送の翌日に墓参し、親戚近隣の者も行き、墓地を整理して冥堂を据えて焼香する風があり、それを墓直しと呼んでいる（郡誌）。松山附近で墓直しというのは、やはり葬式翌日に親族の者のみが墓参して、仮の墓石を立てることである（葬号）。

墓丸め　**ハカマルメ**　肥後の両益城郡では葬儀翌日組内の男子が墓に行き、土を円め、また囲垣をつくるを墓丸めという。下益城ではハカナオシとも呼んでいる（両郡誌）。

墓築き　**ハカツキ**　肥後阿蘇地方では葬式翌日、近親者のみ新墓に詣で、盛土を今一度きれいに盛り直して饅頭形となし、その上にホトケイシとて自然石の適当の大きさのものを載せて、周囲を掃除し花を上げる。これを墓築きと謂う（葬号）。

壇築き　**ダンツキ**　肥後玉名郡では、これを壇築きと呼んでいる。上流の家なら上にトタン屋根でもかけるように仕掛ける。以前は土饅頭の外廓に杉の枝を敷き、それが根付いたという話もある（葬号）。鹿本郡でも壇築きを葬送翌日の行事としている（郡誌）。

野見舞　**ノミマイ**　青森県野辺地地で、葬式を終えた夜喪家に通夜の人々が、かわるがわる新墓を見舞い墓で火を焚く風があり、これを野見舞と呼んでいる（葬号）。

クヨシ　鳥取県東伯郡小鹿村では、墓の周囲で一週間藁を束ねて焚く習慣がある。くゆらすであろう。この名称はなくとも、葬後の或る期間墓地に於て火を焚く風は所々にある。

三日ん団子　**ミッカンダンゴ**　阿蘇宮地町では死後三日目即ち葬式翌日に、残しておいた野辺送り団子の一部を白木の位牌に供え、それから遺族が墓参する。この団子を三日ン団子と謂う（葬号）。

水上ぎ　ミズアギ　八重山石垣島では、葬後癸亥の日を水上ギと称して、三人の者が一升徳利に水を入れて二人が棒で担ぎ、一人は箆（へら）を持って墓側の適当な地を選んで田畑を開き、そこに水をそそぐ風がある（葬号）。

水祭　ミズマツリ　対馬の阿連では、葬式のあった日から毎日夕方墓地に米と水とを持って詣り、松を焚いて帰る。行くのは通夜した者などで、四十九日まで続く。これを水祭という。因みに濃部では正、五、九月の死人はヒアケ前の水祭にも行かぬという。青海では正、五、九月に死んだ者には、アケの日に寺で祈禱事をしてもらって村を浄めなければならない。

朝参り・夕参り　アサマイリ・ユウマイリ　壱岐石田村で埋葬から四十九日のシキリ法事の翌朝まで、毎日二回ずつ墓参することを謂う。シキリ以前は刃物を持って参らなければならない。

四十九団子　シジュウクダンゴ　壱岐にはまた葬後四十九日間毎日の墓参に、小さい団子を四十九ずつ紙に包んで持参する習いがあり、これを四十九団子と呼んでいる。ただし多くは略して四十九日分一度にあげておく。死者が途中で魔につかれた折に、この団子を投げ与えるのだという。四十九日餅は別で、この方は四十日目の寺参りに寺へ上げるのである（続壱岐島方言集）。

二三、喪屋・霊屋

貴人の凶礼に際して喪屋を建てたことは、古書に数多く現れているが、その詳細は知る由もない。我々は民間に伝承されたるものによって、この問題の理解に努める。既に幾箇所かでこの遺風と認められる事に関して述べて来た。今日西日本に多い墓上の屋形もまた、この一つの残留形式ならんという想像を私は抱いているのである。

山上がり　ヤマアガリ　対馬下島三峰村木坂では、以前は遺族は喪屋を野辺に作りて住む風があり、それを山上がりと称していた。忌明けて家に帰るまで、忌中の者は村に帰るを禁ぜられ、そこへの通路を避路(よけじ)が原と謂った（民歴、二ノ三号）。

門屋　カドヤ　伊豆の新島では喪に籠る小屋を門屋と謂った。期は四月、その間喪主はただ仏を祭るのみで、その養いは村中で給した。三宅島にも門屋があり、父母の喪は五十日であった。なお産婦は三十日、経水の女は七日これに入ったという（海島風土記）。

別釜　ベツガマ　筑前志賀島では、服喪中の人々は、別釜の生活を送らねばならなかった。即ち葬式を送り出すと直ちに、血縁の者は別釜にするのであって、平素使用すること稀な小屋があればそれを使うが、大概は家の裏口近く深く垂れた軒下に一枚筵（むしろ）を敷き、壁天井も筵を張り、一定期間ここに寝起きをするのである。もとは七十日間、近頃は十日間。期満つると器物は打こわすという（島、九年版）。

忌連れ　イミヅレ　八丈島の三ツ根では死後五十日を経ないもののある家では、他家に死人のあった場合、未知の者の家でも葬送に行かねばならぬ。これを忌連れという。

喪屋　モヤ　前にも述べておいたように、喜界島では明治初年まで風葬が行われ、その場所をムヤと呼んでいた。巌壁に穿った横穴であって、入口は小さく中は十畳敷位のもあり、字（しま）毎に数ヶ所あって共同に使用されていたのである。死後一週間は毎夜親戚の者が酒肴を携えて墓守に行った。そして三四年後に白骨を甕に納めて、その内の一部か或いは全部を外の墓地に埋葬したという（葬号）。奄美大島でモーヤと呼ばれるのは横穴ではなく、墓地に造る特別の平屋であって、その内へ棺を運び入れたのである（人、一九五号）。沖永良部でもこの仮小屋をモヤと称し、やはり葬後数日間は親子兄弟等の肉親がそこに赴き、その棺を開いて見る風があった（民、二ノ八〇八頁）。これは、肉親が喪屋に籠った慣習の、一つ次の形式である。

霊屋　タマヤ　貴人の御喪に当って、鳥辺野の傍にタマ屋というものを造ったということは、栄花物語の中にも見えている。これが上野や芝などに見る如き、身分重き人の神霊を祀りおく所と解された御霊屋と同じものでないことは、本居先生も既に注意しておられる。しかしこの名称が採用されているということは、決して偶然ではない。埋葬地の上に屋形を据えて、これを霊屋と呼ぶのは九州に多い。四本竹を柱とし小麦稈葺き片屋根の簡単なものから、木造の堅牢なるものもあり、その壊れ去るまで建てておくもの、墓石建立の際に取除く場合もあり、また墓石の上にさらに瓦葺の半永久性のものを作る風さえ生じた。葬送の後何日か経って持って行く所もあるが、当日建てる所も多い。喜界島などでは棺を蔽うて運んで行くのである。

スヤ　対馬の比田勝、壱岐、隠岐等の島々で、墓を蔽うておく屋形のこと。隠岐では墓石は大抵三年五年、遅きは十年以後に初めて建立する風であって、それまでは木造のスヤで覆っておくという（葬号）。スヤは元来、主屋以外の小屋を意味する語にすぎないが、これが墓制用語である地方では、一般民家に使用することを忌むのは当然である。

サヤ　丹後竹野郡では、これをサヤと呼んでいる（民、三ノ五号）。遠江榛原郡にもこの名称がある。サヤとスヤとは同語である。因みに紀泉地方には、新盆の盆棚にオサヤという名称が用いられて残っている。

火（忌）屋　ヒヤ　静岡県磐田郡東浅羽村でこれをヒヤと呼んでいる。三方板囲いとした瓦屋根のものであるという（葬号）。ヒヤは部屋ではなく、火屋即ち忌屋と思われる。なお相州津久井郡青根村では、葬儀場たる庭などに造る四阿（あずまや）ようのものをヒヤと呼び、近江高島郡西庄村でも、よい葬式には式場にヘヤという小屋を作る。竹柱、麻木の屋根、杉葉を棟や隅々にさし、四方に麻木の垣を結うたもので、そこに輿を安置するのである（旅、六ノ一二号）。これらは作られる場所の相違にかかわらず、やはり喪屋の一種と見てよかろう。

アコヤ　筑前で弘く霊屋のこと。多く葬式の時に持って来て、一年位はそのままおくらしい。

残島のは藁と竹と細き木とで作る三尺位のもの、内に位牌や卒塔婆があり、玄海島ではこれは初七日に立て、初盆に取払うものと謂っている（桜田勝徳氏）。

野屋　ノヤ　北松浦郡鷹島では、これを野屋と呼んでいる（葬号）。

小屋　コヤ　東北地方では、墓上に竹木を簡単に組み合せた物を、立てる風の多いことは既に述べた。それが西日本に多い屋形と興味深い対照をなしている。山形県最上郡安楽城では、墓石に藁の覆いを被せるのであるが、それを小屋と呼んでいることは注意に値する。

屋形　ヤギョウ　薩摩出水郡等では墓上の小屋形をヤギ、ヤギュー等と呼んでいる。屋形の訛りである。阿久根町等では高さ六尺もあるような板屋であるが、山間の大川内村では棺の蔽いを使っている。ただかかる脆弱なるもので満足しえない為か、その上に孟宗竹二つ割のものを材料とした小屋形をさらに作り、この方をタクゴラと呼んでいる。竹瓦の義かとも思われる。奄美大島の古仁屋等では、ヤギョウは部落に一つあって、幾度も使うのだという。肉親血族がその内に籠る風が絶えれば、形式は色々に変化してゆくのは当然である。

御堂　ミドウ　隠岐の島前でスヤの名称で呼ばれている屋形を、島後の五箇村中条村等では御堂という。伊予新居郡で同じものをミョードというのも（旅、五ノ三六五頁）、これと関係ある語でなかろうか。

がんぜん堂　ガンゼンドウ　前述の如く、対馬は多くスヤの名称が使われているが、豆酘（つつ）部落では、こう呼んでいる。額に安楽堂と書いてあることは、他のスヤと同じであるという。これは葬列の最後に、村の火のかからぬ男二人で青竹に通して担いで行く。

すずめ堂　スズメドウ　五島の宇久島で木造の霊屋のこと。阿武郡大島では草屋の形をした墓石を同じ名で呼んでいる（葬号）。

こうや堂　コウヤドウ　伊予喜多郡の御祓村では、墓の上にコウヤ堂というのを建てる。これは多く四十九日の行事であって、一年目のムカワリに墓石を建てる際に取り除ける。

ししくの堂　シシクノドウ　淡路で新墓の上に建てる木の堂をいう（民学、二ノ一二号）。

オーヤー　沖縄の山原地方では、死者ある時は墓にオーヤーもしくはアヲヤーと称する小屋を作り、四十九日までそのままにしておく。正月が来ると、たとえ二三日でもこれは取除いてしまう（山原の土俗）。

上屋　ウワヤ　喜界島では霊屋は花模様の美しい飾りのあるもので、棺蓋いを兼ね、これをウワヤとも謂っている（葬号）。上屋であろう。その内に籠る風が絶えれば、それが次第に形式と化し、遂に葬送の際の棺の蔽いを以て兼ねるに到る変化は、この島以外にも例の多いことである。

外棺　ソトガン　伯耆西伯郡大高村では、普通は丸棺であり、少し余裕のある家ではその上にソトガンを被わせる。それにも四方棺、六方棺、八方棺等の差がある。四方棺は屋根を支える四方の柱だけで出来ており、その周囲を赤い木綿布で巻くもので、最も粗末なものである。六方棺八方棺は観音開きなどのついた立派なものであって、それぞれ階級的な差を示す。棺を埋めた上に外棺を置き、四十九日までは中に七日目毎に塔婆を一本ずつ立てる。外棺は殆んど一年間そのままにしておく（民学、四ノ五号）。

あま覆い　アマオオイ　霊屋をアマ覆い、または単に覆いと呼ぶのは、伊豆の賀茂郡、土佐の幡多郡、九州では筑後の八女郡、北松浦郡大島などである（葬号）。

あま蓋　アマブタ　駿河の富士駿東の諸郡にこの名称がある。竹か木の棒を四本立てて、板屋根をかけたものである。これを一名アマヨケと呼ぶ所は伊豆田方郡にも及び、その他この地方でヒオイ、ヒヨケ、カンブタ等とも呼ばれている。またノブタ、ノヤネ、ヤグラ等の名称もこの県の諸地に分布している（葬号）。

苫葺き　トマブキ　肥前五島の福江、嵯峨島等で霊屋をかく呼ぶ（郷、六ノ二号）。苫葺きである。

マセ　五島中通島では、タマヤの上をさらにマセという小屋で覆う。今はトタン葺きだが、もとは苫などで葺いた。タマヤは葬式の時に一緒に持ってゆくが、マセは三日目にしつらうものだという（郷、六ノ二号）。薩摩のタクゴラに相当するものである。

インギ　薩摩上甑島の里村では、よそで死んだ人の骨を持ち帰った時は、埋葬したる所にタマヤを立てず、ただインギという上の尖った木牌に法名を書いたものを立てる。三年位たってから石塔にする（桜田氏）。

二四、釘念仏

前述の如き朝夕の墓参や別火の生活以外に、中陰明けに到るまでには、なお幾つかの重要な行事を要する。その一つとして、葬式を出した夜に講中組内の人々によってなされる供養に関係した資料をまず集めておく。

釘念仏　クギネンブツ　佐渡の小比叡では、葬式の出たあとで、村の人達が釘念仏という和讃を唱える。この巻物と釘を打つ版木とは、葬式のある家から家に持ち廻る。塔形版木に梵字が書いてあり、その周囲に釘を打つのだと謂う（青柳秀雄氏）。もとは棺を打つ釘の音の悲しみを、まぎらせたものかとも想像される。

悔み念仏　クヤミネンブツ　信州南北佐久郡では葬式の当夜、念仏講中の老幼婦女がその家に集まり、合誦するものを悔み念仏と謂った。この風は明治以後多く亡びたという（郡誌）。

一挺ぎり　イッチョウギリ　茨城県北相馬郡の河原代村で、葬式を出した晩に蠟燭一挺立てて、その間回向（えこう）をすることをいう。稲敷郡では忌日に老人連を招きてする仏事のことである。また紀伊那賀郡山崎村では、これは新仏ある家の初彼岸会に寺で行う式の名である（郡誌下巻）。

無情講　ムジョウコウ　尾張起町地方では火葬の夜、檀那寺の僧が来て読経する。講中血縁なども集まって酒食あり、この集まりを無情講という。次の骨上げの夜も無情講があり、多くはそれで終るが、五夜七夜もする家がある（葬号）。

念仏玉　ネンブツダマ　群馬県の群馬郡や多野郡で葬式の当日または翌日、男女仏壇の前で念仏を唱えるが、この時会集者に饗する赤飯の結んだもの、饅頭或いは餅を念仏玉という（両郡誌）。

看経の実　カンキノミ　岡山市附近では葬家で、一七日の間は講中或いは村中寄り集まって看経してもらう。読経後に盆に載せて出す餅菓子の類を看経の実と呼び、これは食わずに持ちかえる。その配り方は組の若い衆にまかせる村もある（岡山方言）。

二五、願もどし

願ほどきという類の名称を附された一連の行事が、かなり弘く分布している。生前立てたる願の未だかなわなかったものを、解く為の作法と説明されている所が多いが、実は未だ判然したことは言えない。多くは出棺時に行われており、数日後の例もある。注意すべきは、この役に当る者は大方血縁関係の無い人らしいことである。仮門の章で述べた散米、笊ころがし等の習俗と連関して考えらるべきものかも知れない。

立願解き　リュウガンホドキ　佐渡河原田町では葬家の門口に、要(かなめ)を取り去った白扇と一つまみの塩を白紙に包んだものとを苧糸で青竹に結んで立てる。それを立願解きといい、後に火葬場に捨てる。同青木村では出棺時に一升桝に塩の紙包みと白扇とを入れたものを、立願ほどきと高声に唱えつつ屋根に投げ上げる風がある。因みに出棺時に水を入れた茶碗を門口で砕く風は、佐渡全般に行われている（葬号）。

願解き　ガンホドキ　隠岐の中村でも出棺時に、一升桝に米を入れて扇子をのせ、全くの他人が捧げて来て「諸願成就願ほどき」と大声に叫びながら、米を撒き扇子を捨てる風がある。病気快復を神仏に立願しつつ遂に死滅したという特別の場合にのみ、これを行うという地方もある。例えば北河内郡川越村では、その際は扇の要をはずし、これを屋根上に投げあげることを願解きという（郷、二ノ四九八頁）。阿波の名西郡では、かかる場合には死者の衣類の裾を少しく裂きて、北に向き逆さに持って振るい、如何なる願がありましょうとも、これにて承知なし下されと唱える。血縁に非ざる者がする。願ほどきをせずして罰を蒙ったという話もある（郷、三ノ七六五頁）。淡路風俗答書にも、死後願解きとて死人の平生着用した衣を逆さにして振るう。これ一生の内こめおきたる諸願を解く為だと言い伝えていることが述べられている。土佐の長岡郡でも名称は不明であるが、類似の習俗がある。葬列が中庭を三周すると、親族に非ざる者が棺上に被せたる衣を引下し裾を持って振りながら諸願成就諸願成就と唱える。死者生存中に神仏に祈願したることを一切清算する意だという（葬号）。対馬の濃部ではシアゲの晩にこれをする。やはり死人の着物の裾を持って「願をほどきます」といって振る。だから着物は平常は裾を持って振るものではないという。阿波の祖谷山ではこの時の唱え方は「神さんがたへおがんを戻す」と三四回くりかえす。その着物は後に洗って北向きにしてかわかす。

願戻し　ガンモドシ　紀伊日高郡で、一家に不幸のあった時かねての立願を解く為に、白半紙に米塩清い小石等を包み、家の背戸から表側へ抛り越させることをいう。阿波の祖谷山では、僧にマブリを拵えてもらって柱に逆さにかけることを、かく呼んでいる（方、七ノ七号）。

願払い　ガンバライ　讃岐三豊郡の五郷村では、願払いを行うのは死の直後だという。かねて願掛けしてあった神々に向って、願ばら願ばらと言いつつ死人の着物を三度振る。やはり他人でなければならないとされている。

もの追い　モノオイ　沖縄半島では葬式の夜ムヌウイが行われる。家人屋内に円く集まりて坐し、戸を閉じ、戸口には臼を伏せ、その上に俎板庖丁を置く。それから塩水、炒五穀、木片を持った男のうち、第一の者がアネアネと叫んで塩水をかけると、第二の男が炒五穀を蒔き散らしつつクネクネと叫び、第三の者がタマタマと叫びつつ木片を打つ。それから臼を蹴とばし、ひどい勢いを以て昼間葬式の通った道筋を行って曲り角の所で一緒にワーと叫んで、持って来た手中の豆を投げるのである（シマの話。葬号）。これは恐らく死霊を追い払う為の行事である。

二六、水かけ着物

死者生前の着物を以て願戻しをする風は、西日本の所々にある。これをまた水で洗うことを中陰行事の一つと数えている所が多い。ただ前者を無縁の人に委ねる所が多いのに対して、後者は普通に極く近親の女性の責務となっているようである。単に洗って干すというだけではなく七々日の間度々これに水をかける等、幾通りかの特別の作法が伴っている。

三日の洗い　ミッカノアライ　近江高島郡西庄村では、死後三日目に死人の着ていた着物を洗う習慣があり、三日の洗いという（葬号）。

三日の洗濯　ミッカノセンタク　丹後舞鶴地方では死後三日目即ち葬式翌日、近親の女が死者の着ていたものや敷いていたものを川へ洗いに行く。この際は必ず刃物を持参する。これを三日の洗濯といい、洗って来ると北向きに三日間蔭干しにする。筑前大島でも死者着用の着物や蒲団は、三日の法事前に三人の女で解き、三人で洗濯して四十九日まで時々水をかけて蔭干にする由。この方は名称は不明である（以上葬号）。

二日洗い　フツカアライ　二日洗いの語は中国地方の所々から報告されている。即ち出雲の簸川郡では葬式翌日、死者の姉妹従姉妹等死者生前の着物を洗う。故に常は月の二日に洗濯することを忌む（葬号）。これは名称は違うが、日取りは三日の洗濯と一致している。伯耆西伯郡大高村にもクンジナと称し二日洗いを行い、死者の衣服を干す風がある（民学、四ノ五号）。岡山市地方では死後二日目に二日洗いをし、汚れた衣類一切を洗い北向きに乾すので、平日は衣類を北向きに乾すことを忌む（岡山方言）。

三日干し　ミッカボシ　紀州田辺町地方では、死者の着た蒲団などは葬式の翌日にその家の嫁が洗濯して、三日間蔭干しにする。これを三日干しという。平日は洗濯ものを三日間干すことを忌む（葬号）。北河内郡で三日干しというのは、喪家で死亡翌日から故人の襦袢（じゅばん）などを竿頭高く掲げおくことであって、亡者がそれによって我が家を知りつつ行くのだと説明している（郷、二ノ七五〇頁）。

北干し　キタボシ　若狭遠敷（おにゅう）郡西津村その他の海岸部落では、死人の着たものは北干しにする。故に日常はこれを忌む（民学、四ノ五号）。この名称がなくとも、この俗信は全国に拡がっている。

死に剝ぎ　シニハギ　岡山市地方では死者の着ていたものを剝いだもの、転じて死者の用いたもの一切をシニハギという（岡山方言）。愛知県起町地方でも死人の着物のことをかく呼び、親戚知人へ贈る（葬号）。

死につ皮　シニッカワ　信州下伊那郡では亡者が臨終に着ていた衣服や夜着をかく謂う。皮というのは忌詞であろう。

死とかあ　シトカア　陸前の気仙郡で死んだ人の着物のこと。シトは死人。

垢付　アカツキ　相州津久井郡では死者の衣類は垢付と謂い、供に立った人々に形見として頒ける。

水かけ着物　ミズカケギモノ　壱岐では死者の着物や夜具は三日アレーと謂って三日目に洗う。衣類を逆さにして荒縄で青竹に括りつけて海や川へ行き、モラウと言って鎌で水面を切る真似をし、そこへ一厘銭を投げこんでから洗うのである。その一枚は水かけきもんと謂う。青竹にかけて家の蔭に北向きにつるし乾かないように絶えず水をかける。死者が火の山を越えるに熱くないようにするのだという。箱崎村では三日間水かけをする（壱岐島民俗誌）。対馬の阿連部落にもこの語が使われている。死者生前の着物及び三隅蚊帳を、親兄弟などの手で潮洗いし、浜に幾日間か曝しておくことである。

洗い晒し　アライザラシ　水かけ着物と類似の作法を、産婦死亡の場合にのみ行う地方が相当に弘い。愛知県豊橋地方では、洗い晒しとて、道端の小川辺り等に棚を設け塔婆を祀り、死者の用いた筬（おさ）を吊しおき、夫は毎日水向けに行き筬の竹を一本ずつ折って帰り、それが無くなるまでつづけた。道を行く無縁の者も同じことをした。北設楽などでは塔婆に水をむけて、その字の消えるまで行うという。同地方には次の唄がある（葬号。田嶺炬燵話）。

　　産で死んだら血の池地獄
　　あげておくれよ水施餓鬼

西遠江などにもこの例あり、千人に水をかけてもらわぬとうかばれぬなどという（土ノ色、一三ノ二号）。佐渡では「流れ灌頂（かんじょう）」とも云い、川に四本柱に赤布を張り渡したものを立て、竹杓子を添えておき、通行人に水をかけてもらう。布の色が褪めるまでは仏は浮かばれぬという（葬号）。

百日晒し　ヒャクニチサラシ　土佐高岡郡檮原村では、産で死んだ者の為に、白布に寺で文句を書いてもらったものを路傍に四隅を引張って立てておき、心あるものの供養をうけるとて水をかけてもらう。かくすれば極楽に往生するといい、それを百日晒しと呼んでいる（村誌）。

床焼き　トコヤキ　壱岐では死者の寝た畳衣類その他の汚物は、入棺後直ちに墓地海辺川原等に持運んで焼き棄てる。焼く場所には銭を一枚投げて、これだけ貰いますといいそこだけ鎌で円を描くのである。因みに墓穴の場所もこうして貰い受くるという。この時は古草履を片一方さげてゆく（壱岐島民俗誌）。

二七、荒火明け

中陰の間にも、七日目または五日目が一つの境と見なされている。そしてこの日の飲食その他の作法には中陰明けの場合と類似ものが多い。そしてまた一方では、この際の作法をさらに繰上げて三日目或いは葬送当日の夜に催すと思われる例も多い。資料がさらに蒐集されたら、ここに一括したるものが幾つかにもっと判然と分類されうると思う。釘念仏の章に記載した諸資料との関係等も一段と明らかになる筈である。

荒火明け　アラビアケ　土佐幡多郡では、死者の家で重きは七日軽きは三日、農商はまず三日間戸を閉し、その翌日を荒火明けと唱えて、親族近隣を招き酒飯を供する風習がある（民事、一一六頁）。

食い別れ　クイワカレ　伊豆の神津島では、出棺時に泣き別れの別れ飯を食べた親族は、喪の家に泊って火を食べ、七日目に島の高峰秩父山の祠に詣でて飯を食べる。それを食い別れの別れ飯と呼んでいる。これによって火を食べている状態を脱して、各自の家に帰るのである。因みにこの島では、四十九日や一周年の法事の後にも、親族がこの山に登って飲食する風がある。

火明け　ヒアケ　伊予北宇和郡の山間では、六日目に餅をつき、七日目を火明けと称して、家族は円餅を一本箸で食べる。

仕上げ　シアゲ　岡山市地方では死後六日目の晩に、供養を受けた近所の者や講仲間、親戚などを饗応することを仕上げという（岡山方言）。対馬ではこれは本来三日の供養のことであったというが、濃部部落でも阿連部落でも今は多くは葬式当日、墓地から帰ると直ぐ位牌を飾り読経をし、その後で火のかかっている者たちだけの食事がある。この時葬儀の事務などについて心配した人に仕上げ餅を二つずつ出す。それは食べないで皆家に持ち帰る。讃岐三豊郡五郷村でも、送葬の夜に本膳で食事することを仕上げと呼んでいる。竹箸を用いて食べ、その箸は七日目に川に流すという。仕上げが終ると講中の念仏がはじまる。なお仕上げを一名オヒジとも謂う。

率土見　ソトミ　対馬の豆酘部落で初七日の朝に、浅藻へ行く堺の峠の上まで行き、小石を眼下に見える率土の浜の方に投げて、後を見ずに帰ることを謂う。

七日の送り　ナノカノオクリ　紀州有田郡で一七日の行事を謂う。蓑笠、米五合、青竹の杖、銭六文、草鞋を持って墓参し、これらを供えて、後を見ずに急ぎ還って来る。もし振りかえると幽霊が出るという（有田郡年中行事）。

七日目看経　ナノカビカンキ　岡山市外今村では、火葬後の遺骨を床の間に飾り、七日間村の人が集って御看経をする。これを七日目看経と謂い、終って埋める（葬号）。

引返し七日　ヒッカエシナヌカ　七日目を待つことを不便とし、略式に日を繰上げてその式を行う風も多い。例えば、上野佐波郡東村では、埋葬日もしくはその翌日「七日ノ供養」ととなえ、親戚知己を招待して法会を営んでいる。かく繰上げて葬日当日営むのを引返し七日という（村誌）。

つけ七日　ツケナノカ　信州小県郡長村では、もとは七日目、今は葬式の翌日に、手伝った人々や近親に振舞い、精進あげをし、かたみ分けもこの日にし、寺への寺送り即ちお布施とかたみを送る習いであり、これをつけ七日と謂う（長村郷土資料）。

五日振舞い　イツカブルマイ　陸前牡鹿郡鮎川では没後五日目に、初七日から七七日までの振舞いを一まとめにして行う風があり、それを五日振舞いと謂う。真言宗では普通の卒塔婆の外に七本仏というのを立てる（島、一ノ三号）。

三日のこと　ミッカノコト　鹿児島県宮之城町では死後三日目に、部落全部の者が一定の金や物を持って悔みに行く。それを仏前に供え、精進料理を出す。これを三日ンコトという（葬号）。

三悔み　ミクヤミ　阿蘇宮地町では死後三日目即ち葬式翌日の墓参以後は、絶対に葬家に対して悔みは言わぬことにしている。「三悔み云うもんじゃなか」という。同地方ではまた「よろこびゃ三年、悔み三日」とも謂う。吉事婚礼等は三年のうちにお祝いに行けばよいが、凶事は必ず三日以内に行けの意味だと説明されている。因みに筑前大島では葬式当日と死後三日目のクヤミとは、無言で頭を垂れるだけであって、言葉を発してはならぬと謂われている（以上葬号）。

忌中払い　キチュウバライ　相模の足柄地方では、村町とも埋葬後六七日を経て親族組合を招饗しその翌日から業に就く。それを忌中払いと謂い、その際笹を以て屋内を掃う例である。安房でも上野の邑楽郡でも以前は七日目が忌中払いであったが、日限をちぢめる傾向にある（民事、一一一頁以下）。武蔵妻沼町では葬式の翌日または翌々日に、僧侶及び親類関係者を招き、新仏を飾りて法会を営み、後打つれて墓参をなす。それを忌中払いと謂っている（町誌、一五一頁）。北葛飾郡の静村等でも、葬送翌日であり、常陸新治郡上大津村などでは、忌中払いは葬送当日の夜らしい。村の人が帰った後で坪の人が飲む酒のことで、普通は一升と定まっているが、非常に飲み騒ぐという。だんだん繰上げられてゆくのである。忌中は普通中陰の意味に使われているのであるが、葬式当夜のみを忌中と呼び習わすにいたった地方も相当にある。一例を引けば、越後東蒲原郡の東川村でキツウは、葬式当夜親族、近親が居残って回向することである。酒で夜を明かし、翌朝墓参して解散するのだという。これも喪屋の名残りに相違なく、以前は三日も五日もかく暮したのであろう。

精進払い　ショウジンバライ　南埼玉郡日勝村などで葬送後三日目に、魚類を膳に供え酒を酌んで精霊を祭る習いもあり、それを精進払いと呼んでいる。

精進落ち　ショウジンオチ　伊予の北宇和郡の山間部で、葬儀後初めて肴を食べることであるが、三日目、五日目、七日目とその日取りは一定していないという。信州上伊那郡では葬式から帰った人々が仏前に膳を並べ、鯉の吸物などを食べる。これが精進落しと呼ばれている。

魚ぶしん　ウオブシン　伊豆の三宅島坪田村では、葬儀の翌日を魚フシンと謂い、男子等は魚釣りして魚を調理し、これより精進する事がない。そして四十九日の前日再び魚ブシンをする（島、二ノ一九二頁）。このように精進落しを繰り上げても、古く行われていた中陰明けの作法は、依然残留しなければならなかったのである。

御非時上ゲ　**オヒジアゲ**　越前南条郡では、葬式が終ってする近所知人手伝い人等への饗応を御非時上げと称している（同郡今荘村誌）。ヒジは非時の食の意味を持つ仏語の如く普通解釈されているが、ヒデ等と或いは同語かも知れない。

取上げの非時　**トリヤケノヒジ**　北河内郡で葬式を終えた夕方、念仏同行を招きて饗応することを謂う（郷、二ノ七五〇頁）。やはり取上げであって、シアゲと同じく葬事終了を意味するのである。

座敷洗い　**ザシキアライ**　相州津久井郡では、葬式のすんだ後で、死者の近親達からそれぞれ組合の者へ酒代を出し、その際の酒宴を座敷洗いと謂う。愛甲郡愛川村半原では、これを精進落しと称し、必ず生臭物を食べる（葬号）。

膳びき　**ゼンビキ**　信州上伊那郡朝日村で、葬式の第二日目のこと。後片附の為に親類や子分が手伝いに来る。膳を出し、また組中の者は「一人よび」とて皆呼ぶ。向うからは米二升と野菜を持って来る（蕗原、三ノ三号）。

壇引き　**ダンビキ**　越後中魚沼郡では骨箱を新仏壇に置き、七日の後にこれを取払って、骨を墓所に納め、壇道具に遺物、布施、斎米、線香、蠟燭、野菜等を添えて近親数人で菩提寺に行き供養をして帰る。これを壇引きという（葬号）。

御茶参り　**オチャマイリ**　越前今立郡新横江村では葬式の翌日、村全部または近隣を招きて行う仏事をかく謂う。小豆飯を饗す（同村是）。

朝見舞い　**アサミマイ**　近江高島郡では、三日目の朝に朝見舞いをする風がある。村の女達が上っ張りという黒い単衣を着物の上に着て、腰を紐でからげ手拭をかぶり、野菜や米や香奠などをショケに入れて持参する。その時の膳の飯は一杯盛切りで誰も食わずに紙包みにして帰る（葬号）。

オトウメ　甲州増富村では葬式の翌日を忌中という。血縁の濃い人から着座して飲食する。以前はこれをオトウメの式といって、モッソウ（高盛飯）を食べたという（旅、九ノ四号）。

オダヤ　陸中雫石で葬後六日目のこと。念仏者一同に酒を饗し、その期間の労を謝する（葬号）。

花直し　ハナナオシ　加賀能美郡の苗代村では一七日の読経の式を、山上村も一七日を、ハナナオシと謂っている。久常村では葬送の日の式後に、世話してくれた人々を饗応することをオハナナオシと謂うが（郡誌）、これは或いは略式かとも思われる。花直しは供えた花をかえる心か。

弓焼　ユミヤキ　秩父郡白川村では葬式翌日の式をかく呼び、弓焼の字を宛て、それは昔は獣が屍体を掘出して食べるので、弓を張って触れるとはねかえるようにしてあったもので、その名残に今も細竹を墓側に立てるが、それを焼きに行く行事だ等と説明されている。恐らくは忌明きであったろうし、その弓を焼いたとしても翌日では少し早すぎるから、以前はもっと日数がたってからであったろう。

魂別し　マブイワカシ　沖縄本島今帰仁村では死後三日目の晩に魂別しをする。即ち家族の者だけ集まり、軒に葉竹を差して戸口に垂れ、その前に御花米と冷水を供え、主婦か老人が、極楽へ迷わず行かれよという意味の詞を唱えて祈願し、それから家の人々の頭へ御米をつまんで置き、冷水を以て額を三度うるおす。これが死霊と生霊との御別れの式であるという。国頭村では葬いの晩に龕担ぎの四名と家族とが集まってこれを行うが、方法はちがっている。里芋の葉に水を包みこれを各人に配り、部屋を暗くしておく。祈願の後に部屋に塩水を撒き、それから各人に配られた水の包みを開く。水が濁っていたりすると死霊がなお屋内に居るものとして塩水を撒きかえるのである（山原の土俗）。沖縄本島新城ではこの魂別しの式は四十九日目の晩であって、ユタが来て亡者の口寄せをする（シマの話）。奄美大島ではやはり死後三日目の夜にマブリワシと称して霊魂追出しの式を行う。大豆とトベラという葬用の木の青葉を火に焼いて、死人の生前居た部屋の四隅に子供が一名ずつ立ち、そこへ火花を散らしたトベラと豆で、部屋中を無茶苦茶にかき廻し、その時に家中の者が大笑いする。部屋から段々追いつめて門から外へ追い出してから、後向きにトベラの枝を外へ投げ出すのである（民、二ノ一〇一七頁）。

豆腐米　トウフゴメ　上総夷隅郡には、葬儀の翌日喪主寺参りの時に豆腐米とて、湯灌の際に莫蓙に包みおける一升許（ばか）りの米苞を持参する習いがある。また前に残しおいた四箇餅を持行き、一箇をひそかに持ち帰って柳の箸で切り、塩をつけて遺族が食う習慣もある（郡誌）。

枕米　マクラゴメ　三河設楽郡振草村で、四角の布を三角にして米一升を入れて葬後に寺へ贈るのを枕米という。

ウチオイ　三河北設楽郡振草村にて、枕米と共に葬後に寺にあげる着物をいう。一名をアガリモノとも称し、死者の衣帯などであるが、心掛けの良い人は生前に織っておく。

濡れ草鞋　ヌレワラジ　陸中鹿角郡では、死後一週間以内を濡れ草鞋と謂う。百箇日以内のこともまたそう謂う。

二八、仏おろし

中陰行事の一つとして、巫女に死者の口寄せを頼むことは、弘く全国にわたって行われた。今でも国の北と南とに未だかなり強くこの習俗が伝えられている。

ミチアケ　伊勢の飯南郡森村では、死人があると七日ないしむかわりまでにミコを呼び、死人を語らしめることをかく謂っている。二三十年前までは一般であった。

仏下し　ホトケオロシ　羽後仙北郡神代村では、最初の仏おろしは特別の事情なき限り葬式を出した晩に行う。エチコオロシとも謂う。最近は盲巫女少なく、「旭」という目あき巫女である。因みに一家に年内に二人も死人があると、死人のまたつづくを恐れて、二度目の棺の中に紙を貼って人の顔を描いて横槌を一つ入れる。その横槌の霊を念じておろすことがある。その文句は横槌の生活を叙述するのであるという。

はな寄せ　ハナヨセ　男鹿半島でこれを供養と謂っているのは、多分新亡者の口を寄せることであろう。

七くら寄せ　ナナクラヨセ　男鹿半島でエダコ即ち巫女を頼んで、同じ仏を七回続けて下すことを謂う。一回ごとに仏にあげるお膳を代え、また七色の布片をつくり、一回ごとにエダコに白米一升ずつあげる。七回終ると板の小舟をつくり、その中に藁人形を坐らせ、最初に使用した七色の布片を七色の旗にして小舟に立て、食物を満載して小川へ流しやる。これは女なら産で死んだとか、子供なら溺死したとか、大人なら不慮の死を遂げたとか、とにかく遺言もなしに即死したというような人の場合に行う。礼の米は親戚の女たちが、男鹿中の各村を奉願に歩いて集めたものである（男鹿寒風山麓農民手記）。

林をたてる　ハヤシヲタテル　陸中紫波郡では春秋の彼岸にイタコを頼んで、死者の口を寄せる。巫女はこの季節を「ハヤシ（林）ヲタテル」と謂う（郡誌）。

ヨミジヤマ　紀州田辺の巫女は、近くの西ノ谷村のヨミジヤマを中心として四十軒以上もおり、籠屋を稼業とし、ホトケミコと称して口寄せを業として、熊野各地や日高川流域へも出稼ぎしたのである（民学、五ノ三号）。

二九、忌中と忌明け

七々四十九日の満了を以て精進上げの期限とすることは、いつから始まったか知らぬが、我が邦では一般の慣習となっている。元は或いは五十日であったのを、七日毎に仏事が行われて、こういう勘定になったのではないかと思う。忌に籠って死者と連繋した食物を取っていた人々が、この機会を以て分離して、普通の生活に復(かえ)るのである。

シキリ 壱岐の石田村では四十九日の法事をシキリという。死者の甥姪にあたる者、或いは叔伯父母にあたる者が、何人かで塩浜に行き、各人小石三四十箇を一かますにして持ち帰り、その一番大きいのを墓の上に立て、小石を並べる。その大石をオヤイシと称し、和尚が戒名を書き、親族の者が水をかける。死者の子供達はただついて行くだけだという。

トリアゲ 香川県小豆島で四十九日の法会のこと。岡山県でも同様にいう(児島湾方言集)。

棚上げ　タナアゲ 信州更級郡信級村では、死後普通二十一日目に棚を撤去するが、当日は客を呼びまた墓場のイヌヨケをはずすという。この日を棚上げと謂っている。

仕上げ　シアゲ　紀伊有田郡などでは四十九日目のことを仕上げと謂んでいる。シアゲの日取りの早い例は前に述べておいた。

仕上げ振舞い　シアゲブルマイ　能登の鳳至郡で、納骨の日に僧侶及び白衣を着た人々を饗することをいう（郡誌、四四七頁）。

ひ上げ　ヒアゲ　日向の椎葉村で死後三十五日目に親戚が魚を使い、仏事をすること。ツカウとは持って行くことか。東北地方にもこの用法がある。

火あき　ヒアキ　対馬の阿連や濃部で四十九日目を謂う。火のかかった人を呼んで御馳走する。七日からこの日まで格別の行事はない。対馬では一般に四十九日は三月越しはせぬといい、三月目にかからぬように前にくりあげる。墓の花立は埋葬の時に一本だけ立てておき、ヒアキがすんでから後の一本を立てそえる。

火合せ　ヒアワセ　日向の真幸村で四十九日の忌明けのこと。多分忌中の火と通常の火とを合せる意味であろう。

精進明き　ショウジアキ　男鹿半島脇本で忌明けのこと（吉田三郎氏）。ただし四十九日かどうかは判明しない。

精進上げ　ショウジンアゲ　紀州那賀郡には地方によって、三十五日目に精進上げとて身寄りの者は附近の川に行き、石を積んで拝む風がある。その「川参り」の帰途、向う七軒にて白米を少量ずつ貰い受け、その米に足し米をして四十九の団子をつくる（郡誌、下ノ七五七頁）。

精進上がり　ショウジンアガリ　福島県本宮町では、男は死後五十一日、女は四十九日目に、骨を野辺に送る。この日を精進上がりと呼んでいる。

精進見舞い　ショウジンミマイ　能登鳳至郡柳田村では、遺族は四十九日間は精進を行い、その翌日に親戚等精進見舞いと称して餅饅頭などを贈る風があったが、今は規約を設けてこれを省略するものもある（郡誌）。

日永見舞い　ヒナガミマイ　信州上伊那郡の朝日村などでは、葬後四十九日間の七日七日に、主として親戚からオヒナガを贈る。多くは菓子や金穀であり、日永見舞いと謂っている（蕗原、三ノ三号）。これを淋し見舞とも謂うことは前に述べておいた。

見舞い　ミマイ　阿蘇宮地町では五七日の法事には親類縁家から糯米一升ずつを集め、これでシイラ餅と餡入餅をつくり、一部を仏壇に供え、餡入りを組内に五個ずつ配る。これを見舞いという。当日また「お茶立て」或いは「お茶入れ」ということが行われ、葬式組を招待して饗応するが、組の者は「お鉢米」として二合半ないし五合を持参する（葬号）。

逮夜上げ　タイヤアゲ　岡山県英田郡では、死後四十九日の祭を終り、亡霊を祖先の霊舎に合祀することを逮夜上げ、またはマツリアゲという（郡誌）。

膳引き　ゼンビキ　信州下伊那郡では、忌中明けの酒宴を膳引きという。

膳上げ　ゼンアゲ　静岡県安倍郡で膳上げというのは、百ヶ日忌明けに饗応するをいう。当日供物香花を手向け、海岸に出て清めの式を行い、或いは潮花を汲んで家の内外を浄める風習であったが、今はその風衰えて、近傍の河川でこれを行うものもあるという（郡誌）。

壇上げ　ダンアゲ　肥前五島の魚目村では四十九日に壇上げとて法会を営み、親戚知人を招く。

近来は五七日または一七日に壇上げをする家も多い（五島民俗誌図）。

水祭　**ミズマツリ**　壱岐では四十九日に家で読経あり、その間に水祭とて、膳の上で水の中に生米と飯とを箸にてつまみ入れ、杉葉でまぜて拝む。それがすんで墓参が終ると一同仏前にて最後の酒宴を張り、霊前の飯を順々に指で摘んで食べる風習がある（壱岐島民俗誌）。対馬の水祭は、四十九日間日々の墓前祭を呼んでいることは、前に述べた。

塩がけ　**シオガケ**　大隅肝属郡高山町で喪家の人々が、忌晴れて後に浜辺に行き、一日遊んで来ることをいう（野村伝四氏）。

浜置き　**ハマオキ**　駿河の沼津では四十九日を過ぎて後、新仏の位牌を浜の波打際に持って行き、砂石を積んだ上に据えて菓子などを供え、親族一同浜辺に敷物をしいて酒肴を共にし、精進落ちをして帰る。位牌を浜に置いて帰る故に浜置きと謂うのであろうと言っているが（郷、二ノ七一五頁）、オキは祭の意味ではあるまいか。

寺送り　**テラオクリ**　壱岐では死後四十九日目に供養をし、位牌を寺へやることを寺送りという。信州北佐久郡では四十九日目ではなく葬式の翌日に、寺送りとて死者の遺物位牌、布施金等を菩提寺に納める（郡誌）。

ありつき米　**アリツキゴメ**　壱岐では四十九日の寺送りの日に、寺へ持参する一升の米を、ありつき米という。今はこの外に祠堂米というものを持参する（壱岐島民俗誌）。

花摘袋　**ハナツミブクロ**　壱岐では未婚の男女が死ぬと、四十九日の寺送りに小さな袋を作り、途中で花を摘み入れて送る。その花摘袋は寺の仏壇の前に吊しておく。あの世に行ってから未婚者は花を摘みにやられるので、大きい袋では中々一杯にならない為に、難儀するからという（壱岐島方言集その他）。

四十九餅　シジュウクモチ　或いは四十九日餅。四十九餅を葬送の日に作る習慣については、既に述べておいた。これを中陰明けの食い別れの行事としている所がまた多いのである。土地によって少しずつ方式は違うが、大体に一臼の餅から四十九の小餅を取るようであり、またそれとは別に一つだけ大きな餅をも拵える風もあるが、その数は後に定まったもので、以前は忌に参与した生人の間に分配したまでのものであろう。この餅は中央部ではただ菩提寺へ送ってしまうけれども、国の端々へ行くと、必ず死者の近い身内の者に食わせるので、羽後の大曲などでは四十九日の餅を取りに来て下さいと、親戚近隣へ使いを出すことになっているそうである。餅の分割にもまた作法があった。或いは桝の底でまたは鍋の蓋に載せて切り、或いは二人引張り合って分け、搗いたその日に焼いて食い、ないしは味噌と塩とを一緒に附けて食うのを、常の日にすることを嫌うのは、すべて四十九日の餅に限ってそうするからである。小餅は小児などがよく数えたがるものだが、それをも叱り戒めるのは、やはり食うべき人の数だけに、この餅を分配していた名残だと思う。壱岐では四十九餅は寺へ送るが、膝の餅、肘の餅、尻の餅などと死者の体になぞらえた名称をつけている（壱岐島民俗誌）。因みに岡山市附近で四十九の餅を拵えるのは初七日であり、一升の糯米で三つのやや大きな餅と、残りで四十九の小餅をつくるが、それを死人の節々として、その釘を抜くのだという。三つは両臑と頭とである。釘を抜くにはこの三つを参会者に少しずつ食べてもらうのである（岡山方言）。

釘餅　クギモチ　佐賀地方で四十九日の仕上げの餅を釘餅という。阿弥陀には二つ重ねの大餅を、新仏には四十九の小餅を供え、後にこの大餅を砕いてその一片に小餅を二つ添えて親族へ配る。この法事を「四十九日のクギヌギサン」という（民歴、五ノ四一五頁）。

ヒザカブ　羽前最上郡安楽城村では、死後四十九日目に餅四十九箇作って寺へ納める。これは死者の節々四十九を搗くのだという。親類へは別に二つずつ餅をまわす。

手型足型　テガタアシガタ　筑前大島では、四十九日目の法会に竹を四十九本箸位に削り筏にして海に流す。また海辺の石を後退りに四十九箇拾い、それに経句を書いてもらって墓へ持参する。餅も四十九箇作ってあげるが、そのうちの二箇は手型足型と謂って手足の形に作って他の餅の上に並べる。この餅を盗んで食えば流行病に罹らないという（葬号）。

笠餅　カサモチ　四十九日にこの名称の餅を作る所も弘い。山城旧紀伊郡では四十九箇の小餅に大餅一つを載せて飾り、これを笠餅と呼び、血族の者が分けて食べる（郡誌）。紀州有田郡ではこの笠餅を一升桝の底で四十九片に切って塩をつけて食べる。この日のことをシアゲと謂っている（紀州有田民俗誌）。播磨の加東美嚢郡では一臼一升の餅を、四十九の小餅と笠餅とに作ると謂う（両郡誌）。丹後舞鶴地方では経三寸位の親餅一つと子餅四十八をつくり、これを寺に持参してお経を上げてもらうが、この四十九日のカサノモチを人知れず取って帰って食うと、臆病がなおるという（葬号）。因みに北河内郡の一部では、苗代田に糯稲を植えるとその人の死んだ四十九日の笠の餅になると謂って忌む（郷、四ノ三七一頁）。

お笠　オカサ　長門阿武郡大島では、忌明法会に四十九箇の小餅を仏前に供える。これを墓へ持って行く途中で出会った人々に分ち与える。オカサという特別大きな餅だけは残しておき、寺の位牌に供えるという（島、一ノ三号）。

お前物様　オマイモンサマ　四十九個の小餅の他に一つ特別な餅を作る風は、なお他にもある。筑前地島ではそれを人形に作る。相州津久井郡でも、五十箇作って寺へ持ってゆくのは、途中で一つは鬼に取られるからだという。その一つについての名称としては、阿蘇の宮地町でオゴサマ、或いはお前物様と呼んでいる（以上葬号）。

兄弟餅　キョウダイモチ　青森県の八戸地方では、町方では四十九日目、在方では七日目に、五十枚の餅を作り、その一枚を寺の前で兄弟が引張り合って引きちぎり後ろへ投げつけるが、遠くへ行くほどよいという。その一枚を兄弟餅という（葬号）。葬送の日の墓前祭として兄弟餅の行事をする風は、既に述べておいた。

えとり餅　エトリモチ　隠岐の中村では五十日祭をエミアキとも謂うがミズマツリとも称し、客を招き本膳終ると霊位（たましろ）に供えたものを下げ、客の前を廻すと、客はその中から何か一箸取って掌に載せて食べる。その頃合を見て家人は供えの鏡餅を細切にして一片ずつ客に配る。客はこれを両手に受けて食べる。これをエトリモチという。この餅以外に当日搗いた餅は親戚や葬式の手伝いを受けた家々へ十二箇ずつ配り、これをエミアケノ餅配りという。また招かれた人々は米一升ずつを持参するが、帰宅の際にはその袋へ餅を入れてかえし、それをフクロモチと呼んでいる（旅、八ノ九号）。

さん餅　サンモチ　陸奥野辺地では四十九日の忌日に仏に供える餅をかくいう。算木なりに積む（野辺地方言集）。四十九日餅も拵えるというから、それとは別のものであろう。

袖乞い　ソデコイ　丹後では親の喪中に在る者順礼姿で寺参りし、道々手の内の米を乞い、袖袂にこれを受ける。これを袖乞いと称し、貰い集めた米を以て忌明法会の団子をこしらえるときは、亡者の冥福を加うるという（三重郷土誌、四二五頁）。

三〇、てまどし

中陰明け以後における注意すべき問題も幾つかある。正月、盆、年忌命日等のことはそれぞれ章を改めて述べるとして、ここにはそれら以外になお守るべき忌のあったことに注意したい。未だ語彙は僅かしか集まっていないが、敢て一章を設けておく。

てま年　**テマドシ**　相州津久井郡では、忌引のことをテマと呼び、その年をテマドシという。葬式のあった家では当分総てのことに遠慮する。例えば、その年は他家の蚕室へ行ってはならないとされている。桑も近くで買ってはならず、遠方へ行って買わなければならない。ただしテマの家から他人が桑を買うことは一向に差支えがない。養蚕に関する遠慮は嫁蚕(よめご)を配るまでのことだという（葬号）。

嫁蚕　**ヨメゴ**　相州津久井郡では、以前は親が死んでから始めての養蚕には、三齢位になった蚕を一盆ずつ部落中へ配ったが、丁寧な家では桑の葉を添えた。これによって養蚕に関するテマドシが終了するのである。少しばかり貰っても無駄になるので、大正の初め頃からこの風がやんだ。この蚕のことを嫁蚕と謂った（葬号）。

相悔み　アイクヤミ　紀州田辺町地方では、死人の家では半歳ほどの間は、親戚知人の喪をとむらわず、また手伝いにも行かぬ。相悔みは悪いとされているからである（葬号）。

毛替え　ケガエ　近江高島郡では、馬を飼っている家でその戸主が死ぬと、毛替えとて変った毛色の馬と買い替える風がある（葬号）。四国にはこの習わしが強く、阿波の徳島地方でも死人のあった家では、猫犬鳥を他へ遣ってしまい、これをケカエと呼んでいる（郷、四ノ五七四頁）。伊予北宇和郡の山間部でも、家に死人が出るとケガエと称して牛や鶏犬猫等の家畜は売り払ってしまう。残しておくと家畜は病気になるという。しかしもともとは取替えたのであろう。陸中の九戸下閉伊辺りでは、普段に家畜を交換することをケガエと呼んでいる。

三一、仏の正月

新亡者のあった家では、正月を迎える前に、亡者と共に最終の食事をして、清く人並になって初春に入ってゆく必要があった。四国は一帯にこの風習がよく残っている。そしてこの機会にはまた葬送の日、中陰明けと共に、墓前の餅分割の式が行われている。我々の忌の思想の根本は食物の相饗にあって、これに入るにもまた出て行くにも、共に特殊なる食事の作法を以てこれを明らかにしていたのである。なお類例は「年中行事調査標目」を参照されたい。

仏の正月　ホトケノショウガツ　土佐の幡多郡奥内村では、年内に死んだ人のある家では十二月の巳の日か午の日かに仏の正月をする。カタユズリハを使用する（葬号）。阿波の祖谷山でも十二月初の辰巳両日を「新仏の正月」或いは「新仏の年越させ」といい、朝墓参して墓前にて草履を供えたりして、餅を焼いて食べる。

巳の日正月　ミノヒショウガツ　土佐幡多郡の大深浦では、死人のあった十二月の初の巳の日に新墓へ行き、お松様を立てて正月をする。これをミノエ正月という。松の支柱には必ず柿の木を用いる。また当日一升餅を作って膳にのせて小鳥の鳴かぬ早朝に墓に行き、その餅の上に一寸藁をのせて燃し、切って墓にも供え、また墓参した人々も食う。平日は搗いた餅を当日焼くことを忌む。また十二月には柿の木を燻べることを忌む。

巳午　ミンマ　伊予北宇和郡御槙村では、ミノヒ正月とも、単にミノヒとも、またミンマとも謂う。新仏ある家では師走初の巳の日の早朝鶏の鳴かぬ先に餅をつき、未明に墓へ持って行く。これをミノヒモチといい、墓場で兄弟が引張りあって食べる。その米はトシマイと称して、親類から糯米一升ずつ贈って仏に供えたものを用いる。なお新墓へは、ヤマガキのトコバシラに松を飾り、イヌシダという細葉の羊歯と、カタユズリハという細葉のゆずり葉を使う。また張る〆縄は普通の正月は一五三なるに対して五五三のを使う。因みに同地方一帯に「ミンマに餅搗くな」という禁忌がある。周防大島でも暮の餅搗きは巳午の日を避けるという。

一膳雑煮　イチゼンゾウニ　伊予周桑郡では巳正月の墓参から帰ると、一膳雑煮といって必ず一膳だけ雑煮を食べる。餅も芋も一片だという（周桑郡郷土彙報、一六輯）。

辰巳正月　タツミショウガツ　阿波で仏の正月を辰巳というのは、伊予や土佐の巳午と比べて一日だけずれているが、巳の日が中心であることは一致している。讃岐の三豊郡の辰巳正月の行事も、ほぼ相似ているが、ただかかる二軒の家の者同志は当日逢うても物を謂わぬという。

御坎日　オカンニチ　伊予では巳正月を御坎日とも謂う。暦法に外出を凶とする日を坎日といい、正月辰、七月午、十二月巳、その他月々その日が定まっていた。十二月の坎日を以て仏の正月が営まれている次第である。

御仕上げ　オシアケ　陸奥の野辺地で年中最終の祥月命日をいい、特に大事に供養する（野辺地方言集）。御仕上げか。

御寄り様　オヨリサマ　北飛驒で十二月頃、近隣寄り合い僧侶を招かずに行う仏事。また家族に死者あれば三十五日間、七日毎に組内の者を招きて仏事をなすことをもかく謂う（北飛驒の方言）。

初精進　ハツショウジン　陸前牡鹿半島女川村の江島では、陰暦正月中、死者の忌日に当る日には、初精進といい知己親戚の、主として女性を招く（牡鹿郡誌）。

棚上げ　タナアゲ　鹿児島県宝島では、正月にも盆に似た魂祭がある。七島正月といって、旧の十二月を正月として行われるものである。盆と同じく棚を飾り、一日から六日までその上で位牌を祀り、位牌の数だけ御膳を供える。常には魚類を一切供えぬ仏様にも、この時だけは魚類を供えねばならない。六日を棚上げといい、沢山の土産を持たせて帰すというので色々なものを玄関まで持って行き、島中午後の九時の同時刻に近隣呼応して、祖霊が船に乗りおくれぬようにとて豆を座敷へ撒く（葬号）。

三二、新　盆

新盆行事も「年中行事調査標目」に多く述べておいたから参照されたい。ここには仏の正月と相対せしめて、二三の前標目未載の資料を記するにとどめておく。

初棚　ハツダナ　新盆の家の霊祭が一般に比して鄭重なるはもちろんである。盆毎に棚を設けている例も各地にあるが、これを新盆に限る例も多い。例えば大和の宇陀郡で新盆の家へは十二日に親戚の人々が集まって、新竹の柱に檜葉で囲うた高さ七尺もある初棚を作り、口ノ間の縁側へ立てて内に位牌を祀る。一年だけである。真宗の家ではこの風はない。一名をアラダナという。因みに重親族と呼ばれる近親の家々では、自家にそれぞれアラダナに対するソエダナという小型のものを作ったという。

石取　イシトリ　筑前志賀島字弘では、新盆を迎える墓について特別の墓前祭がある。即ち十六日に各戸から一人ずつ出て石を取り、一年間に死んだ人の墓の上に石を、一箇ずつ置くのである。これを石取という（葬号）。

新盆灯籠　シンモートウロウ　新盆の家に限って、特別の灯火を設ける風は全国的である。壱岐石田村では盆の十三日の朝に、新盆の家に親戚寄ってシンモー灯籠というのを作り、墓場と軒に飾る。二十日に観音堂へ納めるが、これは一年だけである。

高灯籠　タカトウロウ　常陸多賀郡の山間でも、新盆の家では七月一日から二十日まで、高い竹の先に杉葉を結んだものに油火を吊るして、屋前に立てる。これをタカンドロと謂っている。

四十八　シジュウハチ　陸中九戸の山村では、新仏の盆には、十四日から十六日まで、毎晩軒下に四十八と云う名の火をともす。地獄のソーヅカバーのものを加えた四十九本の蠟燭火である。蠟燭は親類から贈る。

灯し上げ　トボシアゲ　阿波北部に於て、新仏のある家では三年間は、七月中灯を毎夜とぼす行事があり、その三年目をトボシ上げという（旅、四ノ八号）。伊豆賀茂郡でも新盆の三年目の十六日に灯籠を流すことを、かく謂っている（内田武志氏）。

三三、月忌年忌

逮夜、命日、年回等の語彙を、ここに集めておく。

月むかわり　ツキムカワリ　紀伊の那賀郡安楽川で月忌のこと。一周忌の命日をムカワリという地方はもちろん弘い。しかしこれがもともと仏事に限った名でなかったことは、東北地方で初誕生をムカレ月と呼んでいることからでもわかる。

立ち日　タチビ　初月忌を伊豆賀茂郡でも（南崎村誌）、大津市でも（市志下巻）、立ち日という。陸中稗貫郡では仏の命日を一般にこう呼ぶらしい。

逮たて　タイタテ　三河北設楽郡で逮夜のこと。当地では盆の送火迎火をオクリダイ、ムカイダイと謂うておる。逮夜のタイは或いは炬、手火であったのではあるまいか。

シルベ　浜名湖附近で逮夜をいう。

御初夜　オショヤ　越後西蒲原郡吉田町にて日暮れてよりの仏事をオショヤ、昼間の仏事もオタエヤという（さと言葉）。御初夜か。

アゲマイ　肥前江ノ島では月々の忌日には人々を呼び、ささやかな馳走をする。これをアゲマイという。
サイミテ　出雲東部では命日のこと。
ムコウグンチ　安芸の山県郡で一周忌のこと。
算餅　**サンモチ**　青森県野辺地では一周忌に作る餅をかく呼ぶ。算木形の餅を井桁に組んだものである（食号）。
本仏事　**ホンブツジ**　佐渡では一周忌はアゲブツジ、三周忌は本仏事という（佐渡仕入帳）。
揚法事　**アゲホウジ**　能登の珠洲郡直村では、法事を檀那寺に托することを揚法事といい、資産豊かな者のすることだと謂われている（郡誌）。
キマレ　志州加茂村で年忌をいう。
先祖忌　**センジキ**　紀伊伊都郡で先祖の年忌のこと。先祖忌か。
オウヤマイ　近江蒲生郡で仏事をいう。
仏かき　**ホトケカキ**　外南部で法事のこと。
タエギ　福島県安達郡本宮町で法事をいう。
クイン　岡山県で法事をいう。
時斎　**ジサイ**　秋田青森二県にわたり、法事、年回をジセア、ジセアコ、ジサイコ、ジヘア等と呼んでいる。時斎という字を宛てたりしているが判然しない。先祖の義を持つジイサマと関係ある語かも知れない。

御前様　オマエサマ　常陸で先祖のこと。
ジンゾ　羽後の横手で卒塔婆をいう。まだジゾウとも、ジゾサンとも。

三四、問い切り

最終年回は十七年目、三十三年目とする所が多く、七回忌を以て終りとする地方もある。浄土真宗の地などで百年回という所もあるが、常民の間に於て古い習慣とは思われない。この期を以て仏が神になるとか、天に昇るとかいう例は、本文中にも二三例を引いておいた。鹿児島県の小宝島などでは、普通一般の人は三十三回忌までするが、神役をした人は早く神になるので十三回忌を以て終るといっている。この問題は自分はかつて土佐の御子神について述べたことがあるが、興味ある題目といわなければならない。

上げどき　アゲドキ　伊豆の賀茂郡南崎村では、百年忌以上になると、略式に読経を乞う位のものであり、それをアゲドキという（村誌）。

弔い上げ　トムライアゲ　常陸多賀郡で最終年回のこと。高岡村では十七回が普通であって、三十三回をするのは珍しいという。因みに同地では墓に石碑を立てるのは十三年目か十七年目が多く、七年回に立てることはなかった。仏様は早く石碑を建てると、それ以後は年回はしてくれず祭りもしてくれぬといって泣くと謂っている。日向の児湯郡の山村でも多く七年目の最終年回に、墓石を建てる風がある。弔い上げと石碑との関係も一つの興味ある問題である。

とい上げ　トイアゲ　尾張起町では多くは五十回忌をかく呼び、親戚近所を招きて供養する（葬号）。壱岐では四十九年忌をテーアゲと称し、仏祭の最後としている。椎の木の枝葉ある卒塔婆を作って墓に立てる。肥前の小値賀島でも四十九年目の法事をテアゲと称し、位牌を仏壇から撤して墓に納める風がある。筑前の地島でも、五十年たてば仏は神の位にのぼらっしゃるというそうである（葬号）。

とい上げの餅　トイアゲノモチ　対馬の阿連では三十三年を最終年回とす。濃部では施主がテアゲノ餅というのを作って供える。これがすむと位牌を寺に納めて、もう祀ることをしない。

とい止め　トイドメ　青森県三戸郡の田部村などでは、三十三回忌をトイドメという。それ以後の供はせぬという意味である。葉も芯もある松の木、或いは栗の木を立てる。それに戒名を書く場合もあるという（奥南新報、昭和十年九月十日号）。

とい切り　トイキリ　東京府西多摩郡檜原村では、三十三回忌をかく呼び、杉卒塔婆を立て以後は回向しないという。相州津久井郡でも三十三回をトイキリといい、青根村ではこの際は経一寸位の杉、樅の類の生木の幹の下部を削り、法名や年回の次第を記したるものを立てる。これをトイキリボウとも謂い、根付いて大木になると船の帆柱として珍重される（葬号）。

取上げ仏　トリアゲボトケ　越後東蒲原郡東川村では三十三年忌を最終年回とし、トリアゲボトケ、またはホトケボと称する杉の木の梢を残したものを墓地に立てる。

杉仏　スギボトケ　北秋田郡扇田辺にては、五十回忌に杉の木の上端に葉を残して角に削って作った塔婆を墓に立てる。これを杉仏と呼んでいる（民学、四ノ一〇五頁）。

股仏　マタボトケ　佐渡の小泊では、三十三年忌または五十年忌を最終年回とし、上方の二つに分れている塔婆を墓地に立てる。これをマタ仏と謂う。この時位牌を埋め、または寺に納める（高志路、二ノ七号）。

跨り塔婆　マタカリトウバ　八戸地方では三十三回忌に、栗の木を以て造った二股の塔婆を立てる（奥南新報、昭和九年八月三十一日号）。かかる種類の塔婆を、犬卒塔婆と称して動物の供養の場合に限るものとしている地方もあるようだ。マタカリは跨りであろうと思う。

うれつき塔婆　ウレツキトウバ　伊勢飯南郡の森村では、三十三年忌に立てる生葉のついたままの杉の木の塔婆をいう。

ほいつき塔婆　ホイツキトウバ　信州上伊那郡朝日村では、三十三年忌に、四五尺以上の松の木の下方を四角に削り、年忌等を書きこんだ塔婆を立てる。死者鳥に化しその木をたよりに天に昇るのだという（蕗原、三ノ三号）。

はつき塔婆　ハツキトウバ　三河北設楽郡振草村では、三十三回忌に檜の枝をはらい白く削って墓に建てる。三十三年で仏様が身体を洗って神様になるので、川から枕石を一つ拾って来て氏神様の側に並べる。氏神祭の時に禰宜様がこの枕石をも祀る。

柳塔婆　ヤナギトウバ　甲斐では五十年忌に、柳の丸い幹を少し削り、草木国土悉皆成仏などと書いたものを墓地に立て、それを柳塔婆と呼ぶ所がある。この柳に根がつくと、仏の生れかわった験（しるし）だという（甲斐の落葉）。

立てばらい　タテバライ　上総君津郡亀山村で、三十三年忌を営んで立てる杉の生木の塔婆をかく謂っている。

祭り仕舞　マツリジマイ　下野安蘇郡などで、三十三年忌に祭り仕舞をする。六七尺の杉の梢を残し、両面を削って梵字を書いたのを立てる。

三五、所属未定

地切れ　ヂギレ　淡路三原郡千草組七箇村では、以前は旧暦大晦日から正月三箇日間に死者があると埋葬せず、遺体は沐浴させて棺に納め、地切れと唱えて細引或いは縄を以て屋梁に釣りおく風習があった。それによって埋葬した意としたのである。明治初年頃には、もうかかる場合には、深夜に仮埋めを行うことになった（民事、一〇八頁）。

卯の日重ね　ウノヒガサネ　筑前大島では卯の日に葬式を出すことを、卯の日重ねと謂って忌む（葬号）。

寅除け　トラヨケ　土佐幡多郡小才角では葬式には寅の日を忌む。これを侵すには僧侶に寅除けの祈禱をしてもらってからでなければならない（葬号）。信州北安曇郡では死んだ日から七日間内に寅の日があると、寺で寅よけをしてもらうという（郡郷土誌稿、四ノ七七頁）。

立つを避ける　タツヲサケル　土佐の片島では雷が鳴るとタツヲサケルとて棺を出さぬ。雷の鳴っている間は刃物を抜いて棺側についている。雷は死んだ人を取るという。タツは恐らく夕立、神立のタチであって神の出現を意味し、それを恐れる心の為である。

ヤガタメ　対馬阿連では若い人が引続き死ぬと、神主座頭などを頼んで浄めをしてもらう。これをヤガタメまたはヤクバライという。因みに青海ではマルバラ即ち妊婦が死んだ場合は三人の手かずにするという。即ち妊婦、胎児の他に人形を入れる。

逆塔婆　サカトウバ　伊勢の飯南郡森村では、人がつづいて死んだりすると、朴の木の塔婆に字を倒さまに書いて立てる。

空葬式　カラソウシキ　北秋田にて雨乞いの時や、鉱山で直りが出るようにと祈る時にも、からの葬式を出す風があり、これを空葬式と謂ったという（民学、四ノ二号）。

エナーゾ　隠岐の中村では、野外の死者を運び帰る時は、エナーゾと声をかけないと、魂が永く現場に留って怪異を生ずるという（旅、八ノ九号）。

葬送習俗事典 ◉ 索引

＊（　）内は、項目としては立てていないもので、本文中では大旨カナ表記であるが、原本で漢字・平かな表記のものはママとする。

【ア】

相悔み　アイクヤミ　184
(挨拶人)　24
アカシ　19
垢付　アカツキ　164
(アガリ物)　172
上げどき　アゲドキ　193
揚法事　アゲホウジ　191
アゲマイ　191
上げ物持　アゲモノモチ　92
アコヤ　153
(アザ)　118
朝でやり　アサデヤリ　148
(旭)　173
穴掘り　アザホリ　112
朝参り　アサマイリ　148
朝参り・夕参り　アサマイリ・ユユマイリ　150
朝見舞い　アサミマイ　170
足洗酒　アシアライザケ　122
足洗水　アシアライミズ　128
足洗飯　アシアライメシ　129
(アシダニ)　144
あたらし屋　アタラシヤ　66
アタリ　140
後舁き　アトカキ　110
(跡堅札)　87
後火　アトビ　87
跡札　アトフダ　86
アトヨウシ　139
(穴拝ミ)　116
穴仕舞　アナジマイ　116
(穴場)　62
穴掘酒　アナホリザケ　115
(穴掘り役)　28
穴廻り　アナマワリ　118
あま覆い　アマオオイ　155
あま蓋　アマブタ　156
(アマ除ケ)　156
洗い晒し　アライザラシ　164
(アラ棚)　188
(アラネコスル)　31、119
(アラネコ団子)　119
荒火明け　アラビアケ　166
アラレ　119
ありつき米　アリツキゴメ　178
(安楽堂)　154

【イ】

家ならし　イエナラシ　103
囲垣　イガキ　135
息つき穴　イキツキアナ　133
息つき竹　イキツキタケ　132
(生水)　103
(イケ)　113
イケオロシ　119
(イケダイ)(一家代)　93
(一家代持チ)　93
いけ墓　イケバカ　140
穴掘り　イケホリ　113

イゴウナ 144
石嚙ませ イシカマセ 119
石取 イシトリ 188
衣裳縫い イショウヌイ 73
伊勢参り イセマイリ 89
（イタコ） 174
イタコウ 112
一膳雑煮 イチゼンゾウニ 186
（一膳飯） 80
一の煙 イチノケムリ 125
一の火 イチノヒ 91
五日振舞い イツカブルマイ 168
一升悔み イッショウクヤミ 57
（一升香奠） 57
（一升泣） 102、103
一束藁 イッソクワラ 87
一挺ぎり イッチョウギリ 157
一杯団子 イッパイダンゴ 31
（一杯茶） 23
一杯飯 イッパイメシ 29、83、92
一俵香奠 イッピョウコウデン 57
一本箸 イッポンバシ 79
一本花 イッポンバナ 33
一本針 イッポンバリ 76
一本箒 イッポンボウキ 78
暇乞酒 イトマゴイザケ 83
（暇乞の盃） 83
（犬卒塔婆） 195
犬弾き イヌハジキ 134
犬避け イヌヨケ 134
色冠り イノカブリ 99
位牌隠し イハイカクシ 33
忌島田 イミシマダ 100
忌竹 イミダケ 135
忌連れ イミヅレ 152
忌負け イミマケ 36
芋埋け イモイケ 122
忌ヤ役 イヤヤク 112
入れ米 イレマイ 58
入れ物宿 イレモノヤド 71
色（白） イロ 98
色色 イロイロ 98
色上下 イロカミシモ 99
色着 イロギ 98
色着髪 イロギガミ 99
色代 イロダイ 58
（色代香奠） 58
いろ縫い イロヌイ 73
色物 イロモノ 98
インギ 156
インシン 58
（引導場） 118

【ウ】

魚ぶしん ウオブシン 169
（内位牌） 65
ウチオイ 172
（家葬礼） 77、116
（家墓） 145
家立ちの飯 ウッタチノメシ 81
卯木杖 ウノキノツエ 76
卯の日重ね ウノヒガサネ 197
（ウマ持チ） 33
ウレイギモノ 97
憂髷 ウレイマゲ 100
憂結び ウレイムスビ 114
うれつき塔婆 ウレツキトウバ 195
（ウワイ） 49
（ウワイムン） 49
上屋 ウワヤ 155

【エ】

（エダコ） 174
（エチコオロシ） 173
えった肩　エッタガタ 115
えとり餅　エトリモチ 181
エナーゾ 198
（エネ山） 137
家の山　エノヤマ 137
（エミ明キ） 181
（エミ明ケノ餅配リ） 181
（縁綱） 83
（エンニン棒）〔延引棒〕 37
縁の綱　エンノツナ 104
遠慮縄　エンリョナワ 37

【オ】

おい付馬場　オイツキババ 84
笈巻く　オイマク 14
朸　オウギ 110
（オウッカン） 32
オウヤマイ 191
狼弾き　オオカミハジキ 133
（オオ墓） 145
お笠　オカサ 180
オカツゴ 20
御坎日　オカンニチ 186
（御行儀） 24
送り　オクリ 77
送り団子　オクリダンゴ 32
（送リ火） 87
筬橋　オサバシ 86
御仕上げ　オシアケ 187
（押立テ使イ） 18
押髷　オシマゲ 101
惜しみ綱　オシミヅナ 105
御初夜　オショヤ 190
御膳の宿　オゼンノヤド 52
（オソバ） 144
御高盛　オタカモリ 28
御立　オタチ 81
（オタッチュウ） 138
御魂処　オタマショ 138
（御霊屋） 152
オダヤ 171
（オ茶入レ） 177
（オ茶立テ） 177
御茶参り　オチャマイリ 170
（オッパン米） 21
（オテツキノオボクサマ） 27
オテテコ 74
音　オト 18
オトウメ 171
おとぎ　オトギ 82
オトキイタダキ 51
（オトムライ） 12
御鉢米　オハチゴメ 21
御鉢米　オハチマイ 49
お花　オハナ 32
御花米　オハナゴメ 21
（オヒジ） 167
御非時上ゲ　オヒジアゲ 170
御み戸開き　オビドビラキ 39
（オヒナガ） 177
（オヒラツギ） 52
お前物様　オマイモンサマ 181
御前様　オマエサマ 192
（オマルメ） 32
（親石） 175
親払い　オヤハライ 128
御寄り様　オヨリサマ 187

折掛　オリカケ　37、135
折掛位牌　オリカケイハイ　65
隠亡役　オンボウヤク　112
御坊草履　オンボゾウリ　110
（オンボヤキ）　123
オーヤー　155

【カ】

（カイシャクノ縄）　74
顔隠し　カオカクシ　74
カガリ　57
餓鬼飯　ガキメシ　30
（カク墓）　143
影隠し　カゲカクシ　14
（囲ミ藁）　124
笠餅　カサモチ　180
飾煎餅　カザリセンベイ　66
カセ　36
数の餅　カゾノモチ　121
被衣人　カツギニン　99
（カッチョイド）〔刈苧糸〕　73
門送り　カドオクリ　106
かどごろう飯　カドゴロウメシ　84
門の人　カドノヒト　103
門屋　カドヤ　151
門礼　カドレイ　107
冠り帷子　カブリカタビラ　99
被り着物　カブリキモノ　25
釜場　カマバ　124
かま掘り　カマホリ　113
紙烏帽子　カミエボシ　96
紙隠し　カミカクシ　38
髪隠　カミカクシ　96
紙花　カミバナ　64
紙封じ　カミフウジ　38
冠石　カムリイシ　130
（冠石取リ）　131
甕転ばし　カメコロバシ　144
萱の門　カヤノモン　86
空臼伏せ　カラウスフセ　86
カラシシ　65
空島田　カラシマダ　100
烏祭　カラスマツリ　125
空葬式　カラソウシキ　198
カラダメシ　14
空むしょ　カラムショ　140
カラヲカル　115
カリドウ　86
仮墓　カリバカ　141
仮門　カリモン　85
仮門役　カリモンヤク　86
（カルクナシュ）　143
カルメ　109
（カワキドモ）　124
がわ掃かし　ガワブカシ　87
（川参リ）　176
河渡り　カワワタリ　73
（棺カキ）　110
棺掛け　カンカケ　25
がん笠　ガンガサ　77
看経の実　カンキノミ　158
がんぜん堂　ガンゼンドウ　154
願払い　ガンバライ　160
（カン蓋）　156
願解き　ガンホドキ　159
願戻し　ガンモドシ　160
（ガンモモ）　12

【キ】

聞かせ人　キカセト　17

ショウト　17
（女中ヅキアイ）　60
（女中ミタテ）　60
知らせ人　シラセト　17
（尻ノ餅）　179
シルフィラシ　143
シルベ　190
（シロ）　97
白ぎん　シロギン　98
白供　シロドモ　97
（ジンカン）　12
（ジンギクガイ）　105
ジンゾ　192
シンヒキ　47
（新仏ノ正月）　185
（新仏ノ年越サセ）　185
新盆灯籠　シンモートウロウ　189

【ス】
杉団子　スギダンゴ　94
（杉ノ盛）　94
杉仏　スギボトケ　195
ススギ　128
ススメ　56
すずめ堂　スズメドウ　155
捨石　ステイシ　131
捨場　ステバ　144
スマボシ　75
すみ頭巾　スミヅキン　75
すみ袋　スミブクロ　75
スヤ　153
すら墓　スラバカ　146

【セ】
（施餓鬼旗）　64
折角使い　セッカクヅカイ　16
膳上げ　ゼンアゲ　177
線香焚き　センコウタキ　91
先祖忌　センジキ　191
センダイギ　124
センド　138
（千人墓）　144
ゼンノ綱　ゼンノツナ　104
ゼンノ綱曳き　ゼンノツナヒキ　104
膳びき　ゼンビキ　170
膳引き　ゼンビキ　177
餞別　センベツ　82

【ソ】
添寝　ソイネ　59
添役　ソイヤク　109
左右　ソウ　19
（葬式組）　177
（葬式褌）　108
草履持　ゾウリモチ　92
（葬列牒）　85
（ソウレン島田）　101
葬礼付合い　ソウレンヅキアイ　105
添方　ソエカタ　109
袖垣　ソデガキ　146
袖被り　ソデカブリ　99
袖乞い　ソデコイ　182
外棺　ソトガン　155
外座　ソトザ　51
（外葬礼）　116
卒土見　ソトミ　167
剃り受け　ソリウケ　72

【タ】

逮たて　タイタテ　190
大病通夜　タイビョウツウヤ　60
逮夜上げ　タイヤアゲ　177
タエギ　191
高灯籠　タカトウロウ　189
抱き芋　ダキイモ　126
薪寄せ　タキギヨセ　49
（タキモン拾イ）　49
（タクゴラ）　154
タクラ　77
（ダシニコウ）　122
敲き出し　タタキダシ　14
立ちがわらけ　タチガワラケ　122
立ち場　タチバ　13
立場　タチバ　81
（立場ノ酒）　81
立場の膳　タチバノゼン　81
立ち日　タチビ　190
タチミ　105
立飯　タチメシ　81
（タッシャバ）　138
（タッチュ）　138
タッチョウ　138
辰巳正月　タツミショウガツ　186
立つを避ける　タツヲサケル　197
立てばらい　タテバライ　196
棚上げ　タナアゲ　175、187
棚付け団子　タナツケダンゴ　32
だぶ石　ダブセキ　131
タマシイ　101
魂袋　タマシイブクロ　65
霊屋　タマヤ　152
茶毘空木　ダミウツギ　121
（ダミコ）　66
（ダミダシ）　66
（ダミ箱）　66
だみ屋　ダミヤ　66
た持　タモチ　92
（タヨリ）　18
便り告け　タヨリヅケ　18
壇上げ　ダンアゲ　177
団子飯　ダンゴメシ　94
（ダンショウ人足）　122
壇築き　ダンツキ　149
だん祓い　ダンバライ　129
壇引き　ダンビキ　170

【チ】
地石　ヂイシ　131
地買　ヂガイ　114
力酒　チカラザケ　83
力餅　チカラモチ　83
地切れ　ヂギレ　197
地葬場　ヂソウバ　142
（乳ノ親）　145
地取り　ヂトリ　64
チリヤキ　14
地割り　ヂワリ　114
地割餅　ヂワリモチ　121

【ツ】
塚固め　ツカカタメ　148
月むかわり　ツキムカワリ　190
（告ゲ）　18
つけ七日　ツケナノカ　168
（告ゲ人）　17
告げ役　ツゲヤク　17
頭陀袋　ヅダブクロ　75
槌引き　ツチヒキ　89

土蓋　ツチブタ　131
槌松　ツチマツ　90
繋ぎ　ツナギ　47
繋ぎ香奠　ツナギコウデン　47
（ツナゲ）　47
ツブラ　134
坪打ち　ツボウチ　112
（ツボ掘リ）　112
つむり掛け　ツムリカケ　99
（ツラヌキ）　47
釣瓶銭　ツルベセン　48

【テ】

手洗い酒　テアライザケ　78
（デイデエラノ）　138
（テイラ）　142
手型足型　テガタアシガタ　180
（デソウ）　93
手助かり　テダスカリ　109
（出立チ）　81
出立ちの御飯　デタチノゴハン　81
出立ちの盃　デタチノサカヅキ　83
出立ちの酒　デタチノサケ　83
出立ちの膳　デタチノゼン　80
（出立チノ飯）　84
（出立テノ飯）　81
手附人　テツケニン　72
出場の握飯　デバノニギリメシ　82
出場の飯　デバノメシ　81
（テマ）　183
てま年　テマドシ　183
寺あかし　テラアカシ　20
寺送り　テラオクリ　178
（寺墓）　136
（寺行キ）　20
（デンデ）　138
（デンデアノ）　138

【ト】

とい上げ　トイアゲ　194
とい上げの餅　トイアゲノモチ　194
とい送り　トイオクリ　13
とい切り　トイキリ　194
（トイ切リ棒）　194
とい止め　トイドメ　194
道具洗い　ドウグアライ　115
（同行）　47、69、111
（堂団子）　95
豆腐米　トウフゴメ　172
トウマ　112
到来帳　トウライチョウ　107
（トキ）　50、59
（トコトリ）　112
床番　トコバン　112
床焼き　トコヤキ　165
（トコロ）　143
ドシ　60
年違い豆　トシタガイマメ　40
年違い餅　トシタガイモチ　41
（年チガイ）　43
（トシマイ）〔年米〕　186
年増し団子　トシマシダンゴ　41
どしょう持　ドショウモチ　92
（トヅケ）　19
（トッツケ）　19
届け　トドケ　19
土取り　ドトリ　112
土人　ドニン　62
トフロ　143
灯し上げ　トボシアゲ　189

苫葺き　トマブキ　156
（弔イ）　13
弔い上げ　トムライアゲ　193
弔婆　トムライババ　102
弔い飛脚　トムライビキャク　19
（弔ウ）　12
とよ木綿　トヨモメン　76
寅除け　トラヨケ　197
トリアゲ　175
（取上髪）　101
取上げ仏　トリアゲボトケ　194
取上髷　トリアゲマゲ　101
トリオキ　70
（トリオキニン）　70
（トリオクリ）　13
トリコシラエ　62
トリシマイ　13
取上げの非時　トリヤケノヒジ　170
（トントン莫蓙）　63、72
トンボ　97

【ナ】

中精進　ナカショウジ　52
（流レ灌頂）　165
泣女　ナキオンナ　103
泣き島田　ナキシマダ　101
（泣キチキ）　103
泣き手　ナキテ　102
泣き婆さん　ナキバアサン　102
泣婆　ナキババ　102
泣女　ナキメ　101
泣き別れ　ナキワカレ　80
名残りの綱　ナゴリノツナ　105
七くら寄せ　ナナクラヨセ　174
七浪の花　ナナサイノハナ　70
（七デンレイ）　138
七日の送り　ナノカノオクリ　167
七日目看経　ナノカビカンキ　167
鍋留　ナベドメ　50
生団子　ナマダンゴ　32
ナミクンデエ　49

【ニ】

入棺　ニカン　71
（二升泣）　102
（二段垣）　135
（ニッカン）　71
（入棺ノ別レ）　71
（ニワマイリ）　105

【ヌ】

（布引キ）　105
濡れ草鞋　ヌレワラジ　172

【ネ】

猫三味　ネコザンマイ　146
（寝セ直シ）　24
ネフタ　124
（ネブタ）　124
念仏紙　ネンブツガミ　63
念仏玉　ネンブツダマ　158

【ノ】

野送り　ノオクリ　13
野帰り膳　ノガエリゼン　128
野拵エ　ノゴシラエ　111
（野拵エ人）　111

野送り　ノゴリ　106
（ノゴリスル）　106
名残人　ノゴリト　46
（ノゴロイ）　47
野帳　ノチョウ　107
野机　ノヅクエ　118
野灯籠　ノドウロウ　91
野の人　ノノヒト　123
野場　ノバ　141
野花　ノバナ　64
野普請　ノブシン　111
（野普請役）　111
（野蓋）　156
野辺位牌　ノベイハイ　65
野辺送り団子　ノベオクリダンゴ　94
野辺帰り膳　ノベガエリゼン　128
（野辺帰りノシコー）　128
野辺ぎりの茶　ノベギリノチャ　128
野辺見舞い　ノベミマイ　106
野火手　ノボテ　91
野見舞　ノミマイ　149
野飯　ノメシ　93
野屋　ノヤ　154
（野屋根）　156
野屋墓　ノヤバガ　143
乗り甕　ノリガメ　72
乗り舟　ノリフネ　72
野礼　ノレイ　107

【ハ】

灰だれ　ハイダレ　125
灰塚　ハイヅカ　125
は糸　ハイト　73
墓株　ハカカブ　137
墓葬礼　ハカゾウレ　116
墓築き　ハカツキ　149
墓積み　ハカツミ　125
墓直し　ハカナオシ　149
墓庭　ハカヌナ　143
（墓バシュ）　142
墓丸め　ハカマルメ　149
挟色　ハサミイロ　99
挟み着物　ハサミキモノ　22
弾き竹　ハジキダケ　133
端持　ハシモチ　110
（場所ギメ）　114
はだ掘り　ハダホリ　112
はつき塔婆　ハツキトウバ　195
初三昧　ハツサンマイ　139
初精進　ハツショウジン　187
八束藁　ハッソクワラ　124
初棚　ハツダナ　188
（八方棺）　155
花摘袋　ハナツミブクロ　178
花直し　ハナナオシ　171
（ハナ餅）　129
はな寄せ　ハナヨセ　173
姥の着物　バノキモノ　76
ハブッサジ　25
浜置き　ハマオキ　178
早御供　ハヤオゴク　26
林をたてる　ハヤシヲタテル　174
早団子　ハヤダンゴ　31
はや布　ハヤヌノ　73
はやもの屋　ハヤモノヤ　66
貼方　ハリカタ　62
（ハレエシ）　51
（半色）　99
（ハンド甕）　62
（番斎）　50
飯米袋　ハンマイブクロ　76

【ヒ】
火相　ヒアイ　35
火あき　ヒアキ　176
火明け　ヒアケ　167
ひ上げ　ヒアゲ　176
（火アワイ）　35
火合せ　ヒアワセ　176
日覆い　ヒオオイ　77
火がかり　ヒガカリ　35
火隠し　ヒガクシ　124
ヒガクシ　132
ヒガシ　101
（ヒガマジル）　36
火変り　ヒガワリ　34
（引受ケ）　58
引墓　ヒキバカ　142
引墓所　ヒキボショ　142
ヒザカブ　180
（膝ノ餅）　179
非時　ヒジ　22、82
（肘ノ餅）　179
額隠し　ヒタイカクシ　96
額紙　ヒタイガミ　96
火焚かず　ヒタカズ　50
（左柄杓）　71
引返し七日　ヒッカエシナヌカ　167
火告げ　ヒツゲ　18
引ぱり縫い　ヒッパリヌイ　73
引張餅　ヒッパリモチ　121
ヒデ　56
（ヒデエ）　56
人捨てよう　ヒトステヨウ　144
ヒトニユク　18
一盛り飯　ヒトモリメシ　29
人呼び　ヒトヨビ　10
（一人呼ビ）　170
日永見舞い　ヒナガミマイ　177
火の飯　ヒノメシ　56
ひ火手　ヒボテ　91
火負け　ヒマケ　35
忌もの屋　ヒモノヤ　66
ヒヤ　77
火（忌）屋　ヒヤ　153
百日晒し　ヒャクニチサラシ　165
（ヒヤコ）　35
火屋見舞い　ヒヤミマイ　125
（ヒヤ飯食イ）　148
ビョウショ　124
（火ヨケ）　156
ヒヨケマブリ　118
（ビョシ）　124
（ヒラカタ）　52
（広島へ煙草買イニ）　14
火を被る　ヒヲカブル　34
（火ヲ食ウ）　54
火を食べる　ヒヲタベル　55
（火ヲ告グル）　56
【フ】
（フギ）　106
拭き湯灌　フキユガン　70
諷経　フギン　105
（フギン銭）　106
（フギン人）　106
（フギン坊主）　106
ブク　36
（ブクニマジル）　36
（フゲン）　106
不幸髷　フコウマゲ　100

不浄縄　フジョウナワ　74
不浄除け　フジョウヨケ　38
蓋石　フタイシ　131
二人使い　フタリヅカイ　17
二日洗い　フツカアライ　163
船人　フナウド　72
フニウユン　143
（フネ）　72

【ヘ】

ヘイコウツキ　107
別釜　ベツガマ　151
別帳場　ベツチョウバ　58
別火家　ベツビヤ　51
別鍋　ベツナベ　51
ベンショ　138

【ホ】

ほいつき塔婆　ホイツキトウバ　195
（宝冠）　96
ほう立　ホウタテ　63
火手　ホデ　91
ホド　123
仏石　ホトケイシ　132
仏起し　ホトケオコシ　71
仏下し　ホトケオロシ　173
仏かき　ホトケカキ　191
仏木　ホトケギ　132
仏の正月　ホトケノショウガツ　185
ホトケマブリ　60
（仏ミコ）　174
（仏飯）　30
（骨カブリ）　50
骨咬み　ホネカミ　50
骨こぶり　ホネコブリ　50
（骨ヲシャブル）　50
掘りかん台　ホリカンダイ　133
掘り膳　ホリゼン　115
（ホロム）　118
（本通夜）　60
本仏事　ホンブツジ　191
本役　ホンヤク　109

【マ】

参り墓　マイリバカ　140
前担ぎ　マエカツギ　110
枕石　マクライシ　131
枕入の飯　マクライリノメシ　27
枕起し　マクラオコシ　71
枕返し　マクラガエシ　24
（枕ゲシ持チ）　24
枕米　マクラゴメ　56、172
枕団子　マクラダンゴ　31
枕づき飯　マクラヅキメシ　28
（枕灯明）　26
枕直し　マクラナオシ　24
（枕ハズシ）　24
枕火　マクラビ　26
枕飯　マクラメシ　26
枕やの飯　マクラヤノメシ　27
孫杖　マゴヅエ　76
孫の輿　マゴノコシ　109
孫を抱かせる　マゴヲダカセル　76
桝打ち　マスウチ　10
マセ　156
跨り塔婆　マタカリトウバ　195
股仏　マタボトケ　195
（祭リアゲ）　177
祭り仕舞　マツリジマイ　196

魔払い　マハライ　26
魂別し　マブイワカシ　171
（マブリワシ）　172
（魔ヨケ）　133
マルカ　140
廻り戸口　マワリトグチ　128
廻り場　マワリバ　117
マンジノヌノ　97

【ミ】

身洗い酒　ミアライザケ　78
（ミイレ）　104
身隠し　ミカクシ　13、96
見隠し塚　ミカクシヅカ　38
三悔み　ミクヤミ　168
ミジメ　134
簾　ミス　37
（ミヅカエ）〔身支え〕　109
水かけ着物　ミズカケギモノ　164
水枕石　ミズマクライシ　33
水祭　ミズマツリ　150、178
三隅蚊帳　ミスミガヤ　25
水持　ミズモチ　95
見立料　ミタテリョウ　58
ミチアケ　173
（道切手）　75
道切縄　ミチキリナワ　117
道灯籠　ミチドウロウ　116
道飯　ミチメシ　30
道渡し　ミチワタシ　118
水上ぎ　ミズアギ　150
三日の洗い　ミッカノアライ　162
三日のこと　ミッカノコト　168
三日の洗濯　ミッカノセンタク　162
三日ん団子　ミッカンダンゴ　149
三日干し　ミッカボシ　163
貢き　ミツキ　56
（三ツ花）　33
御堂　ミドウ　154
巳の日正月　ミノヒショウガツ　185
（巳ノ日餅）　186
身墓　ミバカ　147
見舞い　ミマイ　177
三曲　ミマガリ　133
耳団子　ミミダンゴ　43
（耳塞ギ団子）　43
耳塞ぎ餅　ミミフサギモチ　41
耳ふたぎ　ミミフタギ　42
土産石　ミヤゲイシ　119
土産団子　ミヤゲダンゴ　94
（都参リ）　14
（ミョード）　154
巳午　ミンマ　186

【ム】

迎え水　ムカエミズ　70
迎え渡し　ムカエワタシ　109
（ムクイ）　69
無垢湯　ムクユ　69
むけの飯　ムケノメシ　30
ムコウグンチ　191
聟天蓋　ムコテンガイ　92
む所　ムショ　140
無情講　ムジョウコウ　158
無常講ぬき　ムジョウコウヌキ　48
無常小屋　ムジョウゴヤ　66
（ムジョウド）　112
無常の煙　ムジョウノケムリ　121
無常休み　ムジョウヤスミ　49
ムセヤ　123

（ムソバ）　123、140
ムヌヌキ　37
ムヤ　142
村祈禱　ムラギトウ　52
（村祈禱番）　52
村香奠　ムラコウデン　48
（村斎）　50
村墓　ムラバカ　136
村宿　ムラヤド　52
村別れ　ムラワカレ　117
（ムラワラ）　137
村原　ムリワラ　137

【メ】

（メカイコロバシ）　87
眼隠し　メカクシ　74
目覚し　メサマシ　59
（目覚シ米）　59
飯持　メシモチ　92
飯宿　メシヤド　52
（メタッチュウ）　138
目出度い木綿　メデタイモメン　73
穴番　メドバン　113
目弾き　メハジキ　134

【モ】

殯　モガリ　36、134
（モソウ飯）　28
持方　モチカタ　109
（モッソウ）　171
（モト）　97
モトツケル　9
元火を食う　モトビヲクウ　54
もどり莫蓙　モドリゴザ　72
戻り道具　モドリドウグ　66
もの追い　モノオイ　161
喪屋　モヤ　152
（モリ）　110
もり人　モリニン　110
盛物　モリモノ　66
モを食う　モヲクウ　54
紋隠し　モンカクシ　97
籾くぶき　モンクブキ　57

【ヤ】

家移り粥　ヤウツリガユ　79
ヤガタメ　198
（ヤギ）　154
（焼き場所）　128
（焼番）　125
屋形　ヤギョウ　154
やく飯　ヤクママ　115
（ヤグラ）　156
八つの手　ヤツノテ　122
柳塔婆　ヤナギトウバ　195
ヤバヤ　142
ヤボタ　65
（ヤマ）　137
山上がり　ヤマアガリ　151
（山イキノ人）　113
山決め　ヤマギメ　114
山莫蓙　ヤマゴザ　72
（山拵エ）（ヤマゴシレェ）　112
山師　ヤマシ　114
（ヤマシサンノ御馳走）　114
山仕舞い　ヤマジマイ　123
（山ノ墓）　145
山見舞い　ヤマミマイ　125
（山ユキ）　114

（山ン人） 114
（山桶） 72
山村のかわ　ヤムラノカワ 11
（ヤンタロコ） 138
ヤントラ 138

【ユ】

湯浴み　ユアミ 69
湯洗い　ユアライ 69
湯かみ　ユカミ 69
湯かわ　ユカワ 69
湯棺　ユカン 68
湯灌　ユガン 68
（ユタ） 172
弓焼　ユミヤキ 171
ユリ 93

【ヨ】

ようごの飯　ヨウゴノメシ 30、84
（ヨケジガ原） 151
横握り　ヨコニギリ 82
寄せ墓　ヨセバカ 139
四つ石　ヨツイシ 130
四つ餅　ヨツモチ 119
（四ツ餅イナイ） 120
（四ツ餅箱） 120
四人杵　ヨニンギネ 55
（呼ワリ山） 11
ヨミジヤマ 174
嫁蚕　ヨメゴ 183
与力の提灯　ヨリキノチョウチン 91

【ラ】

乱塔　ラントウ 138
（ラントウバ） 138、140
（ランバ） 138

【リ】

立願解き　リュウガンホドキ 159
（リョウナオシ） 139
（両番斎） 50

【ル】【レ】

礼受　レイウケ 107
（蓮台） 137
蓮台野　レンダイノ 137

【ロ】

六道の人　ロクドウノヒト 108
六堂巡り　ロクドウメグリ 118
ロクドメ 118
六人膳　ロクニンゼン 94
六役　ロクヤク 95
路次念仏　ロジネンブツ 116
路次盆　ロジボン 93
（路次盆持） 93
路次持　ロジモチ 93
六角仏　ロッカクボトケ 132
（六方棺） 155

【ワ】

別れの御酒　ワカレノオミキ 83
（別れ飯） 80
（綿帽子冠リ） 99

わたましの祝い　ワタマシノイワイ　146
輪墓　ワバカ　141
藁打棒　ワラウチボウ　90
ワラジダイ　65
童墓　ワラベバカ　145

【ン】

（ンジョヨ）　94
葬式餅　ンジョヨモチ　94

＊本書は、柳田国男著『葬送習俗語彙』（発行・民間伝承の会／発売・岩波書店、一九三七年九月刊）を新字新仮名とし、改題したものです。所々にルビを補い、送り仮名を整え、また「是」など、漢字を最小限で平仮名に改めました。

解題

筒井 功

日本民俗学の創始者、柳田国男（一八七五－一九六二年）が『葬送習俗語彙』（本復刊では、「葬送習俗事典」と改題）を上梓したのは、昭和十二年（一九三七）のことであった。版元は、その二年前に柳田と彼の学問を慕って集まった人びとが設立した「民間伝承の会」である。同会は周知のように、のち「日本民俗学会」へ発展する。

柳田は、この前後、『山村語彙』『産育習俗語彙』『分類農村語彙』『禁忌習俗語彙』『服装習俗語彙』『分類漁村語彙』『歳時習俗語彙』『居住習俗語彙』などの、いわゆる民俗語彙集を相次いで刊行している。そこには「多くの言葉が、永遠に忘れ去られる日は近い。何だかもう既に無くなつてしまつたものが、大分に有るのではないかといふ気もする。急いで之を存録する事業に、参加する人々を今少し多くして見たい」（『山村語彙』と、その続編を合わせた『分類山村語彙』の序）という強い危機感があった。この予想が、おそらく柳田が考えていたより、はるかに徹底して当たっていたことは、とくに本語彙集に目を通すとき容易にうなずけるのではないかと思う。

本書が出版された当時、人口稠密の都市部を除く多くの地方で土葬が一般的であった。そのため葬送習俗にかかわる語彙には、土葬やそれにもとづくものが少なくなかった。本書に収められている言葉の半分ほどか、あるいはそれ以上が土葬を前提にしたものだといえるかもしれない。

ところが、それは今日ほぼ完全に姿を消してしまっている。八〇年ばかり前には、ごく日常的であった葬礼が現在では、古代や中世のそれと変わらないくらい縁遠い風景になっているのである。そうなると、文章での説明を読んでもなかなか理解が難しい。文意はとれても、イメージがわかないのである。

例えば、第一四節「野辺送り」の項に見える「ソデカブリ」の語には、次のような説明が付いている。

「武蔵岩槻在の村国村(むらくに)では、葬送の婦人は白衣の袖から顔を出して行く。これを袖被りと謂(い)い、略式は綿帽子をかぶる」

このような葬列を経験したり、見かけたりしたことがある人には「白衣の袖から顔を出す」とはどんなことか、すぐ了解できるだろう。しかし、そういう人はもう、ほとんどいないのではないか。綿帽子がどんなものかを知る人も、もはや珍しいかもしれない。わたしは昭和十九年生まれだが、葬列の白衣も綿帽子も見たことがない。それどころか、地方都市の下町で暮らしていたので土葬を目撃したことさえないのである。だから、どうやって袖から顔を出すのかわからない。本書には、わたしのような年齢の者にも、すでに理解が困難になった部分が少なからず含まれている。

葬送にかかわる習俗は、あらゆる習俗中で最も変化しにくいといわれるが、それでも右のようなありさまである。柳田が本書を残していなかったら、ここに収録されている言葉の大半は「永遠に忘れ去られ」ていた恐れが強いのではないか。『葬送習俗語彙』の価値は、まずその記録性、資料性にあるといえる。

だが、それだけであれば、いま再刊する必要性はとぼしい。柳田が中心になって収集した民俗語彙集は、本書の分を含めて昭和三十一年に『綜合日本民俗語彙』として平凡社から出版されており、同六十年には改訂版も出ている。さらに現在では、これを充実させたデータベースが国立歴史民俗博物館のホームページで公開されているからである。

しかし、綜合版は全五巻の大部であり、またアイウエオ順の語彙の羅列で、本書のように事項別の、読める配列はとっていない。すなわち、データベースを含めて「引く事典」になっている。一方、本来の各習俗語彙集は事項別に編集されており、これは読むこと、通読して全体が体系的に理解されることを目指している。つまり、「読む事典」であった。この方針を受け継いだ版は昭和五十年、国書刊行会から一二巻本として再刊されているが、すでに絶版となっている。いま河出書房新社が本書の再々刊を試みるのは、このような事情によっているのであろう。

『葬送習俗語彙』は、既述のように消え去った習俗を扱った部分が非常に多い。それらが将来、復活される日が来ることはまずあるまい。逆に、いまはまだ残っていても、やがて消滅していく葬送習俗は、これからも増えつづけるだろう。それでは、この語彙集は遠い過去の、ただの記念碑のようなものにすぎないのだろうか。決してそうではなく、われわれの精神生活の根幹に迫る資料の宝庫になりえることを具体的な利用法を挙げて、以下に示してみたい。

わたしは、ことし（平成二十六年）一月、高知市で行われた親族の葬式に参列した。それは家族葬としたもので、市営の斎場に集まったのは一〇人ほどにすぎなかった。焼骨が終わったとの知らせを受けて、われわれは焼骨室の前へ移動した。そのとき係りの職員から、

「どなたか二人だけで、お骨を迎えに行って下さい」

と言われた。それで喪主（わたしの妹）と、その長男の二人だけが焼骨室の中へ入っていった。ほんの二、三分だったろうが、遺骨が出てくるまで残りの者は外で待っていた。

次に隣の収骨室に全員が呼ばれたが、ここでも、まず二人だけでのど仏の骨をひろうように注意されたのである。

『葬送習俗語彙』には、このようなしきたりのことは書かれていない。しかし、おそらく根源を同じくすると思われる、ある習俗について触れられている。それは第三節「二人使い」である。その節の前書きに次のように記されている。

「喪に入っての最初の事務の一つは、一定の親戚へ知らせの飛脚を立てることで、多く組合近隣の者がこれに任ずる。此訃報に赴く者が二人であることは、不思議と全国に共通している」

このあとに、その例が十数ばかり挙げられており、「フタリヅカヒ」の項には次のようにある。

「常陸の行方郡では、此使を特に二人使と呼んでいる。必ず草鞋ばきの二人連れで、途中どこにも寄り路をしない等の定めがある。上総の君津郡でも二人使と謂う。因みに能登の七尾地方では、産にトウナイ（かつて行刑や葬送などを職務とした被差別民＝引用者）の女房を頼みに行く場合にも、やはりきまって二人づれで行くという」

ここに例示されているのは訃報の連絡と産婆の依頼だけだが、前書きの最後には、

「上総の夷隅郡誌などによると、聞かせ人に限らず、葬儀の準備事務はすべて二人ずつ一組になってすると謂っている」

とある。われわれが高知市営斎場で受けた指示と、右に述べられた習俗とは深いところで通底しているに違いない。そう考えるべき証拠がある。

京都府伊根町は、丹後半島東岸の馬蹄形の湾に沿った古い漁村である。海に面して二階建ての家がびっしりと並び、その一階が「駐船場」になった「舟屋」の里として知られている。

伊根にはフタリヅカイの言葉と習俗がいまも残っているが、ほんの七〇年ほど前まで、これに関連するきわめて興味深い葬送民俗が見られた。伊根湾は南に向かって口を開いており、その半分くらいをふさぐようにして青島が浮かんでいる。

青島は、いつとも知れないころから葬送の島であった。すなわち、伊根で死んだ人はこの島へ運ばれて荼毘に付され、そこの墓地に葬られていたのである。遺体はトモブトと呼ぶ、やや大きな舟で島へ運んでいた。注目すべきは、その際、必ずトモブト二艘を横並びに綱できっちりと結びつけることになっていた点である。それは一艘だと棺が乗せられなかったからではない。トモブトには棺の一つくらいは十分に乗せられる。しかし、わざわざ二艘をつないでいたのである。なぜそうしていたのか、だれにもわからない。ただ、昔からそうすることになっていたのである。

青島での葬送は、昭和十七年にやんでしまう。これに先立つ日中戦争のあいだに島に魚雷艇の発進基地が置かれ、つづく太平洋戦争による戦火の拡大で島全体が国有化され、住民でも立入りが禁止されたためである。

舟二艘について、もう一つ例を挙げておこう。

愛知県津島市・津島神社の津島祭りは、中世にはすでに名高い祭礼であった。現在も東海地方屈指の盛大さで知られている。

旧暦六月十四日（宵祭り）と十五日（朝祭り）の大祭（いまでは七月の第四土曜と翌日の日曜）がすっかり終わったあとの十六日午前一時ごろ、古来の秘事とされる「御葭流し」の神事が行われていた。

これは櫓舟二艘に、祭神牛頭天王の神体とされるヨシ（イネ科の多年草でアシとも呼ぶ）の束を積み込んで天王川を下っていき、所定の場所に着くと舟を横に並べる。そうして並べた舟の舳先に竹を渡して、その上に御葭の束を積上げる。祈禱のあと舟を左右に漕ぎ分けて、あいだの御葭を水中に落下させると、一同は後ろを振り返らず漕ぎ帰ってくるのである。

いま詳しく述べる余裕はないが、これが水葬から発した儀式であることは、まず疑いあるまい。そこで舟が二艘でなければならないことは、青島での葬送や全国的に見られた二人使いの習俗と根源を一つにしていると考えられる。

これは、あるいは日本に限ったことではないかもしれない。いや、ひょっとしたら世界的な広がりをもった習俗の可能性もあるのではないか。この辺のことは、それぞれの国なり地域なりに『葬送習俗語彙』のような文献があって初めて追求できる問題である。わが国で「そんなものはない」と言わないでいられるのは、本書のためだとしても過言ではない。

なお、先の御葭流しの神事の際の「後ろを振り返らず」も、葬送や祭事でしばしば見られる習俗であり、その例は本書にもいくつも出てくる。これにも二人使い同様の深い根源がひそんでいるに違いない。

（民俗研究家）

柳田国男
（やなぎた・くにお）

1875年、兵庫県生まれ。民俗学者。1962年没。旧姓・松岡。短歌、新体詩、抒情詩を発表。東京帝国大学を卒業後、農商務省に勤務。貴族院書記官長を経て退官、朝日新聞社に入社。1909年、日本最初の民俗誌『後狩詞記』を発表。翌10年、『遠野物語』刊。主な著書に、『雪国の春』『山の人生』『海南小記』『石神問答』『一目小僧その他』『妹の力』『火の昔』『明治大正史世相篇』『海上の道』などが、著作集に『定本柳田國男集』『柳田國男全集』がある。

葬送習俗事典

葬儀の民俗学手帳

二〇一四年 七 月二〇日　初版印刷
二〇一四年 七 月三〇日　初版発行
著　者――柳田国男
発行者――小野寺優
発行所――株式会社河出書房新社
東京都渋谷区千駄ヶ谷二-三二-二
電　話――〇三-三四〇四-一二〇一［営業］
〇三-三四〇四-八六一一［編集］
http://www.kawade.co.jp/
組　版――有限会社中央制作社
印　刷――株式会社亨有堂印刷所
製　本――小泉製本株式会社
落丁本・乱丁本はお取り替えいたします。

ISBN978-4-309-24665-9
Printed in Japan

河出書房新社・編

柳田国男

民俗学の創始者

再評価著しい巨匠への入門書。
柳田全集未収録の多くの文章や、
同時代人の証言から、
谷川健一・宮田登対談、
大塚英志・鶴見太郎対談、
吉本、柄谷から小熊英二に至る、
新旧の文献を網羅した決定版。

文芸の本棚